대학행정영어

대학행정영어

초판 1쇄 인쇄 2019년 9월 1일
초판 1쇄 발행 2019년 9월 5일

지은이 조문주
펴낸이 오세정
펴낸곳 서울대학교출판문화원

출판등록 제15-3호

주소 08826 서울 관악구 관악로 1
대표전화 02-880-5252 | 팩스 02-889-0785
도서 주문 02-889-4424, 02-880-7995
이메일 snubook@snu.ac.kr
홈페이지 www.snupress.com

ISBN 978-89-521-2903-1 03740

이 책은 서울대학교 대학행정교육원에서 직원 교육용으로 2018년 발간한 바 있으며,
2019년 서울대학교출판문화원을 통해 공식 발간하는 바이다.

ENGLISH
REFERENCE
GUIDE

for University Administrators

대학 행정 영어

조문주 지음

서울대학교출판문화원

이 책을 읽는 분들에게

영어를
못하지 않는
당신에게

외국인 유학생 10만 명 시대, 대학에는 말 못 할 속사정이 있다. 캠퍼스를 돌아다니는 외국인의 모습은 이제 신기할 게 없지만, 행정실에서 직원과 학생 간에 자연스럽게 영어와 친절이 오가는 풍경은 아직 우리 대학의 모습이 아니다.

서울대학교 다양성위원회가 교직원을 대상으로 조사한 보고서를 보면, 직원의 62%가 "외국인 구성원의 어려움에 공감하고 있지만, 언어 소통이 되지 않아서 행정서비스를 하기는 어렵다"고 답변하였다.

많은 교직원이 이렇게 자신의 영어가 '짧다'고 주장하지만, 사실 대학에서 10년 이상 근무하면서 목격한 바로는 상당수가 업무를 수행하고도 남을 만큼 준수한 영어 실력을 갖추고 있었다. 꼼꼼한 교직원일수록 '영어가 더 익숙한 사람들'의 지적에 지쳐 영어를 기피하는 경향이 있다.

사실 대학은 영어를 함부로 쓰다가는 크게 다치는 곳이다. 지식사회 특유의 문화에서 서술식 문장이나 영어를 사용하는 직원은 전문가들의 비판을 감수해야 한다. 지적을 피해 완벽한 한 장의 개조식 보고서 만들기에 열과 성을 소진하고 나면, 영어는 한층 더 짧아진

듯 보인다.

이 책은 사실은 영어를 못하지 않는 당신, 지적을 삼키면 체하는 당신을 위한 선물이다. '기본'이라고 지적받을 만한 부분들의 영어 표기 원칙을 명쾌하게 설명하고, 실제 영어권 대학에서 사용하는 용어들을 알기 쉽게 정리하였다. 2005년 서울대학교에 입사하여 대학 영문 홈페이지 제작을 시작으로 각종 홍보 기사와 브로슈어, 영상물, 총장 기고문까지 서울대학교 관련 내용만 14년간 번역해 온 경험을 이 책에 풀어내었다.

이 책에 대학행정에 필요한 영어를 다 담을 수는 없었지만, 업무 중에 영어가 필요할 때 펼쳐보고 찾아보면 되리라는 확신으로 정성스럽고 정직하게 쓴 책이다. 한 개인의 번역이라기보다는 서울대학교의 수준 높은 전문가들의 첨삭이 누적된 기록이라 더 의미가 있다.

기본 중의 기본인 부분들을 모아 첫 번째 장인 '나를 위한 영어'를 구성했고, 자주 접하지만 명쾌한 설명을 찾기 어려운 행정영어와 한글로는 익숙한데 상응되는 번역을 찾기가 힘든 용어들을 분야별로 정리해 한 개 장씩 묶었다.

영어 잘하는 직원으로 '찍혀서' 어려운 영작을 담당하게 된 직원들을 위해 고급번역 사례도 추가하였다. 조직이나 직제 등의 명칭은 서울대학교 사례를 참고할 수 있도록 부록으로 정리하였다.

원고를 작성하면서 여러 차례 감수를 거쳤는데 여전히 어떤 표현에 대해서는 이견이 많았다. 예를 들어 공무원 직제와 유사한 교직원 직제의 번역은 법제처와 원어민 교수, 직원들의 의견이 모두 달랐다. 이런 경우에는 대체로 감수를 맡은 원어민 교수의 의견을 존중하였다. 그러나 영어로 '쿨하게'만 번역하면 현장 행정과 유리되어 버리는 것을 경험으로 알기에 '아시아식 영어'를 쓰더라도 본래의 행정 업무와 연관성을 잃지 않도록 선을 그었다.

책이 나오기까지 도움을 주신 분들이 많다. 머릿속에서만 묵어 가던 원고를 실제로 집필하도록 권유해 주신 성삼제 전 사무국장님, 매회 북코칭 시간마다 애정 어린 피드백을 주신 출판전문가 남혜경 코치님, 5년간 필자가 쓴 모든 영어 문장을 지도해 주신 Eli Park Sorensen 교수님께 감사드린다. 원고를 꼼꼼하게 검토해 주신 여러 분들 가운데 Travis L. Lamar 인문대학 교수님과 Jorg M. Dostal 행정대학원 교수님, 철학자 구하원 교수님, 통계학자 장원철 교수님, 이동진 전 국장님께 대표로 감사드린다. 아이 데리고 밤에 원고 쓰러 나올 때마다 문을 열어 주신 행정관 경비 선생님들께도 특별한 감사를 전한다.

2019년 9월

조문주

차례

기획·홍보

행사

시설

번역실무

부록

나를 위한 영어

01 이름 쓰기
02 주소 표기
03 명함 만들기
04 이력서 작성하기

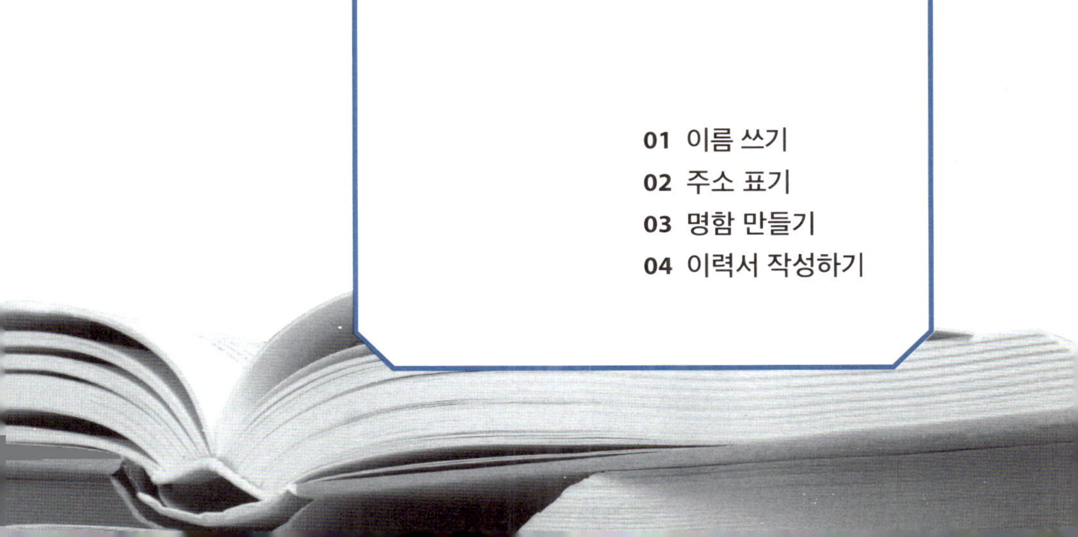

01

이름 쓰기

대학 교직원은 자신의 영문 이름을 스스로 데이터베이스에 등록하도록 하고 있는데, 의외로 많은 사람이 영어 이름의 기본 규칙을 무시하고 표기한다. '나를 위한' 대학행정영어 첫 단계로 한글 이름을 영어로 적절하게 표기하는 방법을 알아보자.

성+이름 표기

한국인의 이름을 영어로 표기할 때 '이름-성'으로 순서를 바꾸어야 하는지 '성-이름'을 그대로 사용해도 되는지에 대한 원칙은 없다. 실제로 언론인들 사이에도 논쟁이 있는 부분이다.

영어권 일간지에서는 아시아인의 이름에 대해 일종의 암묵적 규칙을 지키고 있다. 충분히 알려진 인물은 원래대로 '성-이름'으로 표기하고(문재인 Moon Jae-in, 김정은 Kim Jong-un, 시진핑 Xi Jinping), 일반인은 '이름-성'으로 순서를 바꿔 놓곤 한다.

다음 그림을 보면 동일하게 UN 공식 사이트에 게재되었던 내용이지만 반기문 전 사무총장은 '반기문', 강경화 전 정책특보는 '경화 강'으로 표기한 것을 볼 수 있다.

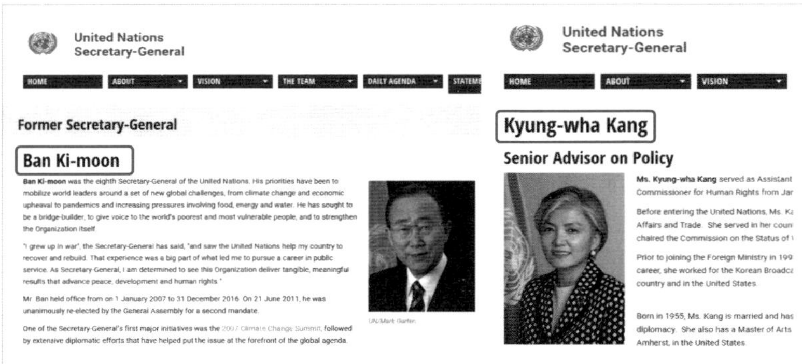

UN 공식 사이트(www.un.org)에서 반기문 전 사무총장과 강경화 전 정책특보의 이름 표기 순서가 다르다.

이렇게 혼용하다 보니 영국 기자가 공과대학 '균 교수'(차상균 교수)를 인터뷰하고 싶다고 문의하는 해프닝도 있었다. 이런 오해를 차단하려면 성을 확실히 구분해 주어야 한다.

흔한 방법은 'Ban, Ki-moon'과 같이 쉼표로 구분하는 것인데, 문장 가운데 이름이 들어간 경우 쉼표를 사용하는 것은 부적절하다.

서울대학교에서 주로 사용하는 방식은 다음과 같이 성을 대문자로 표기하여 구분하고, 이름의 고유한 순서도 지켜 주는 것이다.

The Presidential Fellowships were awarded three outstanding students including **KANG Hyun-woo**, **PARK Min-jee**, **SATO Akiko**, **ZHANG Xinsen** and **Mark SMITH**.

강현우, 박민지, 사토 아키코, 장진센, 마크 스미스 등 5명의 우수한 학생들에게 총장 장학금을 지급하였다.

* 성을 대문자로 표기하면 아시아 이름의 순서를 그대로 지키면서도 오해가 생기지 않는다.

한글 이름의 영문자 표기

❶ 대소문자 표기

이름은 고유명사이기 때문에 첫 글자는 대문자로 표기하며, 하이픈(-)을 사용할 경우 이어진 글자는 대소문자 모두 가능하지만, 소문자가 더 일반적이다.

- 각 이름의 첫 알파벳은 항상 대문자

  Kim Chang Wan (○), Kim chang wan (×), Kim Chang wan (×)

- 하이픈(-)이 있을 때 다음 글자는 대소문자 모두 가능하지만, 소문자가 더 일반적이다.

  Lee Tai-young (good), Lee Tai-Young (ok)

❷ 이름의 띄어쓰기

한글 이름 세 글자를 모두 띄어 쓰는 것은 잘못된 표기는 아니지만, 가운데 이름자가 영어의 middle name으로 오해받는 일이 종종 있다. 새로 영어 이름을 만들고 있다면 이름 두 글자를 붙여 쓰거나 하이픈을 사용하면 오해의 여지를 없앨 수 있다.

Roh Moo Hyun ('Moo'를 middle name으로 오해할 수 있음)
Roh Moo-hyun **권장** 또는 Roh Moohyun

❸ 정확한 발음을 유도하는 영문자 표기

외국인이 한글 이름을 고유 발음에 가깝게 발음하도록 유도할 수 있는 영문자 표기를 알아보자.

- 김태희 (희=hee)

  Kim Tae-hee **권장**
  Kim Tae-hi **비권장** 김태하이

- 오정연 (오=Oh)

  Oh Jeong-yeon **권장**
  O Jeong-yeon **비권장** 옷정연

- 김정훈 (훈=hoon)

  Kim Jeong Hoon **권장**
  Kim Jeong Hun **비권장** 김정헌

- 신영균 (신=Shin)

  Shin Young-kyun **권장**
  Sin Young-kyun **비권장** 죄영균

- 최정문 (정=Jung, Jeong)

  Choi Jung-moon **권장**
  Choi Chung-moon **비권장** 최청문

Q 다음 각 문항에서 영어 인명 표기가 틀린 것을 찾으시오.

① 이하늬 (Ha-nui Lee)

② 정진영 (Jin-yeong, Jeong)

③ 감우성 (KAM Woo-sung)

④ 이상윤 (Lee sang-yoon)

A ②, ④번이 틀렸다.

② Jeong, Jin-yeong이 맞다. 성을 앞에 쓰고 쉼표는 성 뒤에 위치

④ Lee Sang-yoon이 맞다. 이름 첫 글자는 대문자로

02

주소 표기

영문 주소 표기

영문으로 이력서를 쓰거나 명함을 만들 때 한국 주소를 영문으로 기재해야 한다. 행정안전부에서 제시하는 영문 주소 표기와 영어권 대학의 주소 표기 기준을 반영한 적절한 영문 주소 표기에 대해 알아보자.

❶ 대학의 영문 주소 표기

102-ho, 101-dong, Administration Office, College of Humanities, Seoul National University, 1, Gwanak-ro, Gwanak-gu, Seoul 08826

행정안전부 가이드라인에 따라 표기한 대학 행정실 주소. 순서와 양식이 어색하다.

영어로 주소를 표기할 때는 한글 표기 순서를 거꾸로 하면 된다고 알려져 있지만, 영어권 대학의 보편적인 주소 표기 가이드라인을 보면 잘못된 상식이다.

아래 UC Berkeley 대학의 주소 가이드라인에 따라 제작한 예시를 참고해 보자. 대학별로 소폭 차이는 있지만 대체로 유사하다.

▶ **학위명 표기 예시**

Address Component (항목)	Example (예시)
Name of Addressee (이름)	Professor Jane Smith
Sub-Unit Name (상세 소속)	Wearable Robotics Division
Department Name (학과)	Department of Mechanical Engineering
College Name (단과대학)	College of Applied Science
Campus Name (대학)	University of California, Berkeley
Address (건물 번호, 방 번호)	100 Academic Hall #1234
City/State/Zip (도시, 국가, 우편번호)	Berkeley, CA 94720

_ 출처: http://mailservices.berkeley.edu/incoming/guidelines/format

영문 주소를 표기할 때 한글 주소를 무조건 거꾸로 쓰기보다는 기관명을 먼저 제시하고 건물 이름과 방 번호를 기재하는 것이 영어권 대학의 표기와 가깝다. 기관명이 여러 개일 경우 작은 단위부터 쓰는 것이 보편적이다. 한글 주소에서 '~대학교, ~대학(원), ~학과'로 표기하던 부분은 '학과, 대학(원), 대학교' 순서로 표기한다. 주소의 단위가 바뀌면 줄바꿈을 해 준다.

❷ 행정구역 표기

행정안전부 주소정책과에서는 도로명 주소를 정비하면서 혼동해서 쓰던 영문 주소를 한글명에 대한 알파벳 표기로 바꾸도록 지정하였다. '의왕시'를 'Uiwang City'라고도 쓰고 'Uiwang-si'라고도 쓰던 것을 후자 쪽으로 통일하였다. '도, 시, 구'에 대해 'province, city, district' 대신 'do, si, gu'를 사용한다. 서울시, 부산시와 같은 광역시에 대해서는 '-si'를 붙이지 않고 도시 이름만 쓰는 것도 허용한다.

》행정구역 주소 표기

• 전라남도	Jeollanam-do (○)	Jeollanam Province (×)
• 영월읍	Yeongwol-eup (○)	Yeongwol Town (×)
• 중량구	Jungnamg-gu (○)	Jungnang District (×)
• 대구시	Daegu-si (○)	Daegu (○)

서울대학교의 교육기구와 행정기구의 영문 주소를 표기해 보자.

▶ 교육기구 예시

수원 융합과학기술대학원

Professor Kim Sang Eun	→ 이름
Department of Transdisciplinary Studies	→ 학과
Graduate School of Convergence Science and Technology	→ 대학원
Seoul National University	→ 대학교
Bldg. D, Rm. 130A	→ 건물 주소
145 Gwanggyo-ro, Yeongtong-gu	→ 도로 주소
Suwon-si, Gyeonggi-do 16229	→ 시, 도, 우편번호
Republic of Korea	→ 국가

▶ 행정기구 예시

교무처 교무과장

Director Ro Geun Sook	→ 이름
Division of Academic Affairs	→ 과
Office of Academic Affairs	→ 처
Seoul National University	→ 대학교
Administration Building (Bldg. 60), 3rd Fl.	→ 건물 주소
1 Gwanak-ro, Gwanak-gu	→ 도로 주소
Seoul 08826	→ 시, 우편번호
Republic of Korea	→ 국가

* Fl: floor(층)의 약자

주소 표기 시 쉼표 사용

• 우편번호 표기
Seoul 08826 (○) / Seoul, 08826 (×)
Gwangwon-do 25354 (○) / Gwangwon-do, 25354 (×)

• 도로명 표기
1, Gwanak-ro (○) / 1470, PyeongChang-daero (○)
1 Gwanak-ro (○) / 1470 PyeongChang-daero (○)
Gwanak-ro 1 (×) / PyeongChang-daero 1470 (×)

* 지역명과 우편번호 사이는 쉼표로 구분하지 않는다.
* 행정안전부 주소정책과에서는 도로명과 도로 번호 사이에는 쉼표를 권장하지만 없어도 허용된다고 밝혔다.

03

명함 만들기

명함 양식

다음은 영어권과 아시아 명문 대학의 영문 명함 견본이다. 양식과 내용을 비교해 보자.

Yale
PETER SALOVEY
President of the University
Chris Argyris Professor of Psychology
Professor of Management and of
Epidemiology and Public Health
PO Box 208229 New Haven CT 06520-8229
T 203 432-2550 peter.salovey@yale.edu

HARVARD UNIVERSITY
Judith D. Singer
Senior Vice Provost for Faculty Development & Diversity
James Bryant Conant Professor of Education
Richard A. and Susan F. Smith Campus Center, Suite 880
1350 Massachusetts Avenue, Cambridge, MA 02138
617.495.9072 | judith_singer@harvard.edu
www.faculty.harvard.edu

Stanford University
Department of Chemistry
Mail Code 5080
375 North-South Mall
Stanford, CA 94305-5080
T 650.723.1727
F 650.725.0259
W.E. MOERNER
Harry S. Mosher Professor of Chemistry
Professor, by courtesy, of Applied Physics
wmoerner@stanford.edu
http://web.stanford.edu/group/moerner

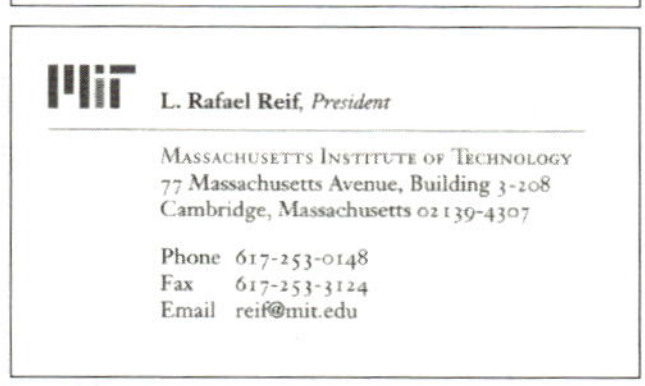
L. Rafael Reif, *President*
MASSACHUSETTS INSTITUTE OF TECHNOLOGY
77 Massachusetts Avenue, Building 3-208
Cambridge, Massachusetts 02139-4307
Phone 617-253-0148
Fax 617-253-3124
Email reif@mit.edu

Prof TAN Chorh Chuan
FRCP, PhD
President
Professor of Medicine
NUS
National University of Singapore
Office of the President
University Hall, Lee Kong Chian Wing, UHL #06-02
21 Lower Kent Ridge Road, Singapore 119077
Tel: (65) 6516 1200 Fax: (65) 6775 0225
Email: uprtancc@nus.edu.sg
Website: www.nus.edu.sg

Dae Hyun Chung
Deputy Director
Division of Human Resources Development
SEOUL NATIONAL UNIVERSITY
1 Gwanak-ro, Gwanak-gu, Seoul 08826, Korea
Tel. +82-2-880-5096 Fax. +82-2-889-7482
Mobile +82-10-2938-5773
E-mail napapada@gmail.com
Intellectual Pioneer

2007년 QS-THE 세계대학평가 총괄책임자였던 Phil Baty는 서울대학교를 방문해 여러 보직교수와 만나고 돌아가는 길에 "하루에 16개의 다른 디자인의 명함을 받았다. 명함은 그 학교의 정체성을 보여 주는 것인데, 디자인이 달라 격이 떨어져 보인다"는 말을 남겼다.

서울대학교의 경우 2006년 개교 60주년을 맞아 UI(University Identity)를 새롭게 정비하고 공식 명함 양식을 지정하였지만 단과대학 간 장벽과 제작비 문제로 명함 통일을 이루지 못하였다.

영문 명함 만들기

- 이름을 표기할 때는 순서를 바꾸기보다는 쉼표나 대문자를 사용한다. ('01. 이름 쓰기' 참조)
- 박사학위가 있으면 이름 뒤에 ', Ph.D.'와 같이 표기할 수 있는데 필수는 아니며, 이름보다 작은 폰트로 쓴다.
- 이름과 직위는 한국식으로 함께 쓰기보다는 분리해서 표기하는 것이 자연스럽다.

행정실장

Lee, Hye-gu
Manager, Administration Office **보편**

Manager Lee Hye-gu
Administration Office **어색**

- 학생일 경우 직위란에는 'student'라고 쓰기보다는 'B.A. Candidate', 'Ph.D. Candidate'와 같이 목표 학위명을 표기하

는 것이 일반적이다.

- 명함에 들어가는 전화번호, 팩스, 이메일은 Telephone, Facsimile, Electronic Mail의 약어이다. 정확하게 사용하려면 Tel., Fax., E-mail과 같이 약어 표시를 해 주는 것이 맞다.
- 영어에서 콜론(:)을 사용할 때는 반드시 앞 단어에 붙여 쓴다. 명함에 'E-mail : snu@snu.ac.kr'과 같이 표기하지 않도록 한다.
- 성별은 이름 앞에 Mr./Ms. 등으로 표기해서 알리기도 했는데, 현재는 영어권에서 거의 사라진 방식이므로 사용하지 않도록 한다.
- 다음은 서울대학교 학사과 학적담당 주무관을 기준으로 만든 가상 명함이다.

SEOUL
NATIONAL
UNIVERSITY

Kim, Chae-hyeon
Registrar Officer
Division of Educational Affairs
Office of Academic Affairs

Tel. 82-2-880-5114
Fax. 82-2-880-5114
Email snu@snu.ac.kr
http://www.snu.ac.kr

Administration Building, 1st Fl.
1 Gwanak-ro, Gwanak-gu
Seoul 08826
Republic of Korea

04

이력서 작성하기

일반적으로 영문 이력서는 취업을 위해서 작성하겠지만, 이미 취업한 대학행정가들은 출장이나 외빈 방문 등에서 외국 조직에 자신을 소개하는 용도로 주로 사용한다. 영어권에서 보편적으로 사용하는 양식에 맞추어 대학행정가의 이력서(Curriculum Vitae)를 작성해 보자.

CV와 Résumé

'이력서'의 영문 명칭을 먼저 알아보자. 사전에는 Curriculum Vitae (약어 CV)와 Resume(원어 résumé)가 동의어인 것처럼 나오지만, 차이가 있다. 취업을 위해서 제출하는 이력서는 주로 Resume로 통칭하지만, CV라고 표현해도 좀 진지하게 들릴 뿐 문제는 없다.

그러나 연구자가 논문 리스트를 길게 이어붙여 만든 소개서는 CV라고 지칭해야 맞다. 용도가 다르다 보니 Resume라고 하면 길어야 2쪽을 넘지 않는 분량을 기대하게 되고, CV는 10쪽이 넘어도 이상하지 않다.

이력서를 칭하는 용어들이 영어가 아니어서 어렵게 들리는데 알고 보면 단순한 의미이다. Curriculum Vitae는 라틴어로 'course of life', 즉 '삶의 과정'이라는 매우 평이한 뜻이고, 발음은 'vi:tai'로 한다. Resume는 불어로 '요약본'이라는 간단한 뜻이며, 원어 표기는 Résumé여서 마지막 e 발음이 살아 있다.

다음은 대학행정가가 자신을 소개하는 용도로 영문 CV를 작성하는 방법을 알아보자.

영문 CV에 들어갈 내용

한글 이력서가 다양한 듯하면서도 일정한 포맷을 가지듯 영문 이력서도 몇 가지 양식으로 수렴된다. 영문 이력서 표준 양식은 MS Word에서 기본으로 제공하는 포맷이 있다. 흔글에서 표로 만든 이력서를 내용만 영문으로 고쳐 어색하게 사용하는 일은 없도록 하자.

❶ 이름과 개인정보 Personal Information

- 최상단에는 자신의 이름을 크고 진하게 표시해 준다. 상단 제목으로 '이력서(Curriculum Vitae)'라고 크게 쓰지 않는다.
- 이름 밑에 필수 개인정보를 나열한다. 주소, 전화번호, 이메일, 홈페이지 주소 등이다.

Kim, Cheol-soo

Seoul National University, 1 Gwanak-ro, Gwanak-gu, Seoul 08826
+82-2-880-5114 +82-2-10-5114-5114 snu@snu.ac.kr

서울대학교 직원의 CV 헤딩 부분 예시

❷ 요약/목적 Summary/Objective

- 구체적인 내용을 시작하기 전에 summary를 넣어 '나는 누구이다'라는 것을 두세 줄로 요약해 주면 도움이 되는데, summary가 없더라도 전통적인 CV 스타일에서 문제는 없다.
- 특정 요구사항을 두고 CV를 보내는 상황이라면 목적(objective)을 명시하면 도움이 된다.

다음은 외국 선진 대학 견학을 목적으로 이력서를 제출할 때 objective 부분 예시이다. 실제로는 부서명과 일정 등을 특정하여 더 자세히 쓰는 것이 좋다.

OBJECTIVE

- Planning a group tour to understand advanced academic systems
- Meeting with university staff in comparable positions

목적

- 선진 학사시스템을 견학하기 위해 팀이 방문하고자 합니다.
- 귀 대학에서 동일 업무에 종사하는 직원을 만나고자 합니다.

❸ 학력 Education

- 졸업했다는 의미로 "Graduated from Seoul National University"와 같이 쓰지 않도록 하고 학위명을 양식에 맞게 게재한다.
- 연도를 표기할 때는 재학 기간을 '2000~2004'와 같이 표기하기보다는 최종 졸업한 연도만 표기하는 것이 일반적이다.
- 학위명은 최근에 취득한 것부터 나열한다. 학위명은 다음과 같이 표현하되 전공에 따라 다르게 쓴다.

》박사학위: Doctor of Philosophy in (전공)

》석사학위: Master of Arts in (전공)

》학사학위: Bachelor of Arts in (전공)

▶ 학위명 표기 예시

학위명	약자	해당 전공
Bachelor of Arts	B.A. 또는 A.B.	인문학, 사회과학 학사
Bachelor of Science	B.S. 또는 B.A.	자연과학, 공학 학사
Bachelor of Laws	B.L. 또는 LL.B.	법학 학사
Master of Arts	M.A.	인문학 등 석사
Master of Science	M.S.	자연과학 등 석사
Master of Business Administration	M.B.A.	경영전문대학원 석사
Master of Fine Arts	M.F.A.	미술대학 석사
Doctor of Medicine	M.D.	의학 학부과정

* 서울대학교에서 사용하는 전체 전공에 대한 학위 명칭은 '학사행정'(120~122쪽)에서 확인할 수 있다.

• 아직 학위과정에 재학 중이라면 학위명 옆에 'Expected (학위취득예정일)'로 표기한다. 수료 상태로 논문을 준비하고 있다면 'ABD, 전공명'으로 표기할 수 있다. (ABD: All But Dissertation, 학위 취득까지 논문만 남았다는 의미) 수료 상태만 표기하려면 'Completed coursework in (전공)'으로 쓸 수 있다.

다음은 학사와 석사를 취득하고 고위공직자과정 교육을 이수한 행정가의 학력 게재 예시이다.

EDUCATION

- Master of Arts in International Relations, Seoul National University, 2002
- Bachelor of Arts in English Education, Seoul National University, 2000
- Six weeks training in the Advanced Program for Senior Public Officials, Ministry of Education, 2011

교육

- 2000 서울대학교 영어교육과 졸업
- 2002 서울대학교 외교학 석사
- 2011 교육부 고위공직자 연수과정 수료

❹ 경력 Work (또는 Professional) Experience

- 자신이 일했던 기관, 기관이 속한 지역, 당시 자신의 직위와 직무, 담당했던 업무, 해당 기간을 상세하게 기술한다.
- 담당 업무를 기술할 때는 주어를 생략하고 동사형으로 시작하되 지난 업무는 과거형, 현재 직위의 업무는 현재형으로 쓴다.
- 순서는 대체로 최근 것부터 쓰는데(reverse chronological order), 중요한 것 중심으로 기술하는 것(functional order)도 허용된다.

서울대학교 학생처 장학담당 행정관으로 근무한 경력을 영문 이력서에 제시하면 다음과 같이 쓸 수 있다.

WORK EXPERIENCE

Deputy Director, Division of Scholarships and Welfare, Seoul National University, October 2013-December 2015

- Operated scholarship programs for both domestic and international students
- Managed the University Scholarship Committee

경력

- 2013.10.~2015.12. 서울대학교 장학복지과 행정관으로 근무
- 국내외 장학프로그램 운영
- 장학위원회 운영

❺ 기타 수상경력 등 Honors/Awards

- 일하는 동안 자신의 가치를 입증해 주는 상을 받은 적이 있다면, 영어 명칭은 없더라도 한국식으로 영문 명칭을 적절히 만들어 표기해 보자. ('상'의 이름은 159쪽 참고)

2010년 사회봉사상을 받고 2016년 공로상을 받았다면 다음과 같이 쓸 수 있다.

HONORS & AWARDS

- Distinguished Service Award, 2016
- SNU Award for Social Service, 2010

Kim, Cheol-soo

Seoul National University, 1 Gwanak-ro, Gwanak-gu, Seoul 08826, Republic of Korea

Tel. +82-2-880-5114 • Mobile +82-10-5114-5114 • Email snu@snu.ac.kr

OBJECTIVE

- Planning a group tour to understand advanced academic systems
- Meeting with UCLA staff in comparable positions

EDUCATION

- M.A. in International Relations, Seoul National University 2002
- B.A. in English Education, Seoul National University 2000
- Six weeks training in the Advanced Program for Senior Public Officials, Ministry of Education 2011

WORK EXPERIENCE

SEOUL NATIONAL UNIVERSITY

Director, Division of Finance & Property — Mar. 2014 – present

- Implement university budget
- Manage expenditure of university budget

Deputy Director & *Tax Manager*, Division of Asset Management — Nov. 2010 – Feb. 2014

- Managed taxes on university assets such as acquisition tax and property tax
- Conducted inspection and evaluation of university assets

MINISTRY OF EDUCATION

Deputy Director, Division of University Evaluation — Apr. 2006 – Oct. 2010

- Conducted assessment on national universities
- Prepared the annual report *Education in Korea*

HONORS & AWARDS

- Distinguished Service Award — Aug. 2016

구성원

01 총장
02 보직교수
03 교수
04 직원

01

총장

문화권별로 다양한 총장의 명칭

한국에서 세계대학총장협의회(Global Presidents' Summit)가 열렸다. 8개국 8개 대학 총장이 참여하니 8명의 President가 모여야 할 것 같지만, 이 8명의 공식 직함이 각각 다르다면 어찧게 된 일일까?

우리나라와 동아시아에서는 대학 총장의 직함이 미국식으로 President로 거의 통일되어 있지만, 실제로 여러 나라에서 Chancellor, Vice-Chancellor, Rector, Principal, Director 등 다양한 명칭을 사용하고 있다.

❶ 미국과 아시아에서 보편적으로 사용되는 President

미국의 연구중심대학, 아시아권 대학, 그리고 영국을 제외한 서유럽 대학이 대부분 '총장'을 President라고 부른다.

President는 이익을 추구하지 않고 명예를 중시하는 조직의 수장 자리를 칭할 때 많이 쓰인다. US President(미국 대통령), President of the Royal Society(왕립학회 회장), President of the Organizing

Committee for the Olympic Games(올림픽 조직위원회 의장) 등을 통해서 용례를 볼 수 있다. 참고로 영어에서는 '대통령'에 해당하는 국가 수장을 지칭하는 용어는 없다.

Harvard University(미국), Freie Universität Berlin(독일), École Normale Supérieure(프랑스), University of Tokyo(일본), National University of Singapore(싱가포르) 등 여러 대학에서 총장을 지칭할 때 President로 쓴다.

President와 Chair(Chairperson, Chairman)가 비슷하게 비영리기관장의 직책으로 사용되지만, Chair는 의결권이 모든 멤버에게 분산된 조직의 '의장'의 번역어로 많이 사용한다. 대학에서는 평의원회(University Senate) 의장, 학과장, 위원회(Committee)의 위원장을 Chair로 번역한다.

미국 주립대학 시스템에서 President와 Chancellor

- 미국의 주립대학은 1개의 시스템에 여러 개의 대학이 소속되는 독특한 형태이다. 10개의 대학을 가진 University of California (UC)와 64개의 대학이 속한 뉴욕 주립대학 State University of New York (SUNY)이 잘 알려져 있다.
- 일반적으로 주립대학 시스템 전체를 총괄하는 총장은 'Chancellor'로, 각 대학의 총장은 'President'로 구분하고 있다.
- 캘리포니아 주립대학의 경우 반대로 University of California System의 총장을 President로, UCLA, UC Berkeley와 같은 개별 대학 총장은 Chancellor로 정하고 있다.
- 캘리포니아 주립대학 학칙에서 President는 'executive head of the University', Chancellor는 'chief campus officer'로 규정하였다.

_ 출처: University of California, "Standing Orders", 2017.

❷ 영국 문화권 (Vice) Chancellor

영국 문화권(commonwealth권)에서는 마치 영국 여왕과 수상의 관계처럼 대학에도 명예직(ceremonial position)과 실제 리더(position in power)를 구분하는 문화가 있다. 대학에서도 Chancellor는 명예 총장이고, 실제 대학행정의 장은 Vice-Chancellor가 맡는다.

Chancellor는 고대 로마시대부터 정부 수장의 직함으로 사용되었고, 현대에는 메르켈 총리(Chancellor Angela Merkel)와 같이 독일, 오스트리아, 스위스에서 국가의 총리를 가리킨다.

최근에는 총장직을 미국식으로 Vice-Chancellor & President로 쓰는 사례가 늘고 있지만, 영국을 대표하는 두 대학 옥스퍼드와 케임브리지에서는 오랜 직함을 고수하고 있다.

❸ 종교적 어원을 가진 Rector

Rector는 오래전부터 성공회 교구 목사를 일컫던 말로 일부 유럽 지역(이탈리아, 스페인, 체코 등)과 남미 여러 지역에서 총장의 명칭으로 사용한다. 이탈리아의 University of Bologna, 포르투갈의 University of Lisbon, 브라질의 University of São Paulo 등에서 Rector가 총장인 것을 볼 수 있다.

❹ 스코틀랜드는 Principal

스코틀랜드 대학은 독특하게 명예 총장인 Chancellor, 학생들이 선출하는 Rector, 그리고 실제 총장인 Principal을 따로 두는 방식이 보편화되어 있다. University of Edinburgh, University of Glasgow 등 스코틀랜드 대학과 스코틀랜드인이 설립한 McGill University, Queen's University(캐나다) 등에서 Principal을 '총장'으로 사용한다. 영국의 일부 대학에서는 단과대학 학장을 Dean 대신 Principal로 지칭한다.

▶ **QS World University Rankings 기준 세계 50대 대학 총장의 명칭**

순위	대학명	국가	총장 명칭
1~3	MIT, Stanford, Harvard	미국	President
5~6	University of Cambridge, University of Oxford	영국	Vice-Chancellor
10	ETH Zurich	스위스	President
12	EPFL	프랑스	President
15	National University of Singapore	싱가포르	President
20	Australian National University	호주	Vice-Chancellor
25	Tsinghua University	중국	President
26	University of Hong Kong	중국/ 홍콩	President & Vice-Chancellor
27	UC Berkeley	미국	Chancellor
29	University of Tokyo	일본	President
32	McGill University	캐나다	Principal
35	LSE	영국	Director
36	Seoul National University	대한민국	President

_ 랭킹 자료: QS, "World University Rankings 2018".

Q 다음 중 대학교 '총장'이 아닌 사람은?

① MIT President

MIT President Reif attends White House technology meeting
MIT News - May 19, 2017

MIT President L. Rafael Reif today attended a technology conference convened by the White House Office of American Innovation. The meeting ...

② UCLA Chancellor

UCLA Chancellor joins more than 170 colleges and universities...
UCLA Newsroom - Dec 19, 2016

UCLA Chancellor Gene Block joined leaders in higher education from more than 35 states today calling on incoming president Donald Trump's ...

③ Oxford University's Vice-Chancellor

How to tackle terrorism, by **Oxford university's vice-chancellor**
Financial Times - May 21, 2007

The vice-chancellor of Oxford university comes to the door in a stylish Roland Mouret-style shift dress, tanned from a recent holiday in the Caribbean. ...

④ University of Bologna Rector

Indiana University delegation concludes historic trip to Italy and..
IU Newsroom, May 2, 2016

During the anniversary celebration, McRobbie presented the Benton Medallion to **University of Bologna Rector** Francesco Ubertini. In Krakow...

A 모두 총장이다.

02

보직교수

'보직교수'를 영어로?

교직원이 자주 묻는 용어 중의 하나가 '보직교수', '보직'에 해당하는 영어 표현이다.

'보직교수'는 영어권에서는 faculty administrator(faculty-administrator) 또는 administrative faculty라고 통칭한다. 서울대학교와 같이 교육/연구를 수행하면서 행정직을 겸하는 교수(faculty members holding administrative positions)라는 의미로는 faculty administrator가 더 적절하다.

기존의 직위(조교수, 부교수 등)와 별도로 '보직'을 표기할 때는 'administrative position'으로 구분해 주고, '겸직한다'는 의미로 표현할 때는 'appointed to a concurrent position' 정도로 쓸 수 있다.

교수는 다양한 보직을 수행할 수 있지만, 대학에서 '보직교수'는 결정권자를 통칭하는 용어로도 많이 쓰인다. 그럴 때는 university leadership, senior administrators와 같은 표현으로 번역하면 유사한 의미가 된다.

❶ '보직교수'의 다양한 영문 표현

- 모든 보직교수가 모여 비상대책회의를 열었다.
  All the faculty administrators held an emergency meeting.

- 송기호 교수는 박물관장 보직을 겸직하게 되었다.
  Professor Song Kiho was appointed to a concurrent position as the Director of the University Museum.

- 이름: 박소통
  보직: 협력부처장
  Name: Park So-tong
  Administrative Position: Associate Dean of Communication

- 총장님을 비롯하여 본부 간부들이 4·19 혁명 기념행사에 참여하였다.
  Senior administrators including the president have attended the April 19 memorial service.

- 대학의 보직교수단은 대학교육의 미션을 수행하기 위해 헌신한다.
  The University's leadership is dedicated to fulfilling the University's educational mission.

❷ '부-' 직책에 대해

서울대학교에서 부총장은 Vice President, 부학장은 Associate Dean, 본부 행정관은 Deputy Director로 사용하고 있다. '부'급 직위를 나타내는 단어 간의 차이는 무엇이고 어떻게 쓰는 것이 정확할까?

- Vice: 최고 직급의 직속 하위 직급을 지칭한다.
  'Vice' is used with the top position title for referring to the person holding the job immediately below the top position.
  예) Vice President 부통령, 부총장 / Vice Chair 부위원장

- Associate: 상급직의 바로 아래 하위직을 보편적으로 지칭한다.

  'Associate' is used with a high position for referring to the person at a level right below.
  예) Associate Dean 부학장

- Deputy: Vice가 '그분 바로 아래 직급'을 지칭하는 용어라면, deputy는 '그분 바로 밑에서 보좌하는 역할'을 하는 사람이라는 뉘앙스가 더 강하다.

  'Deputy' is used for someone whose job is the second most important in a department or organization.
  예) Deputy Director 본부 과 내 행정관 (과장이 Director)

서울대학교 보직교수 직함

행정기구 보직		예시
부총장	Vice President	• Vice President of Research (연구부총장)
처장, 본부장	Dean	• Dean of Research (연구처장) • Dean of Admissions (입학본부장)
부처장, 부본부장	Associate Dean	• Associate Dean of Academic Affairs (교무부처장) • Associate Dean of Information Systems and Technology (정보화부본부장)
위원장	Chair	• Chair of Diversity Council (다양성위원회 위원장)
단장	Project Leader	• Project Leader of Siheung Smart Campus (시흥스마트캠퍼스 추진단장)

학사기구 보직		예시
학장, 원장	Dean	• Dean, Graduate School of Public Administration (행정대학원장)
부학장, 부원장	Associate Dean	• Associate Dean of Academic Affairs, College of Natural Sciences (자연과학대학 교무부학장)
학과장, 학부장	Chair	• Chair, Department of Mathematical Sciences (수리과학부 학부장)
주임교수	Program Chair	• Program Chair, Interdisciplinary Program in Archival Science (기록관리학 협동과정 주임교수)
지원기관 보직		**예시**
기초교육원장, 도서관장	Dean	• Dean of Liberal Education (기초교육원장) • Dean of Libraries (도서관장)
부속기관의 장 (미술관, 규장각 등)	Director	• Director, Kyujanggak Institute for Korean Studies (규장각한국학연구원 원장)
연구원 (소, 센터)의 장	Director	• Director, Institute for Peace and Unification Studies (통일평화연구원장)
연구 보직		**예시**
연구프로젝트 책임자	Principal Investigator (PI)	• Principal Investigator, BioRobotics Laboratory (생체로봇실험실 책임교수)
IBS 단장	Director	• Director, IBS Genome Engineering Laboratory (유전체교정연구단 단장)

_ 출처: 서울대학교 기획처 기획과, 『서울대학교 기구 등의 경문 표기』, 2006. (일부 수정 및 추가함)

Q 다음은 대학 웹사이트에서 인명을 검색한 결과이다. 전체 내용을 영어로 바꾸어 보자.

이름	이교육
소속	사범대학 교육학과
직위	부교수
보직 1	교육학과 학과장
보직 2	교육연구소 소장

↓

Name in Full	Yi, Kyo-yuk
Department	Department of Education, College of Education
Position	Associate Professor
Administrative Positions	Department Chair
	Director, Institute of Education Research

03

교수

교수 Professor vs Faculty

많은 직원이 혼동하는 단어가 faculty와 professor이다. Faculty는 '교원'으로 번역되는 집합명사, professor는 인격화된 교수에 대한 명칭이다.

> 두 교수가 교수휴게실에서 커피를 마신다.
> Two professors are having coffee in the faculty lounge. (○)

한글에서 공간이나 직위 등에 붙는 '교수'는 대부분 faculty로 번역하면 적절하고, 인격체로서의 인간을 지칭할 때만 professor로 쓴다.

다음은 faculty와 professor가 사용되는 문장의 예시이다. 주어진 문장에서 faculty와 professor를 바꾸어 쓰면 어색한 표현이 된다.

- 직군으로서의 교수: faculty (○)

  교수협의회(Faculty Council), 교수임용(faculty appointment)

• 집단명사로서의 교수: faculty (O)

서울대학교 교수 숫자가 2천 명이 넘는다.
The total number of SNU faculty is more than 2,000.

• 개인으로서의 교수: professor (O)

2천 명이 넘는 교수들이 광장에 모였다.
More than 2,000 professors have gathered at the square.

교원의 구분

우리나라 대학 전임교원의 표현은 미국 대학의 용어를 대부분 그대로 따르고 있다. 현실적인 차이는 있겠지만 조교수(Assistant Professor), 부교수(Associate Professor), 정교수(Professor) 순서로 승진하고 최종 단계에서 정년보장을 받는다는 점과 직급의 의미도 동일하다.

다음은 미국 대학의 보편적인 교원 직급 구분과 서울대학교 교무과에서 정한 교원 구분이다.

▶ 미국 교원의 보편적인 직급 구분

Faculty Rank and Titles by Tenure/Non-tenure Track		
	정년 트랙 Tenured/Tenure-Track	비정년 트랙 Non-tenure Track
전일제 Full-time	Professor Associate Professor Assistant Professor Research Professor	Lecturer Instructor Professor of Practice Research Professor
파트타임 Part-time	Professor Emeritus	Adjunct Professor Lecturer Instructor

_ 출처: American Council on Education, *An Overview of Higher Education in the United States*, 2011.

▶ 서울대학교 교원의 직급 구분

구분	근무 형태	직급	Title
정년 트랙 Tenured/ Tenure Track	Full-time	• (석좌교수)	(Distinguished Professor)
		• (정)교수	(Full) Professor
		• 부교수	Associate Professor
		• 조교수	Assistant Professor
		• HK 교수	HK Professor
		• HK 부교수	HK Associate Professor
		• HK 조교수	HK Assistant Professor
	Part-time	• 명예교수	Professor Emeritus
비정년 트랙 Non-tenure Track	Full-time	• 기금교수	(Endowed) Professor
		• BK 교수	BK Professor
		• HK 연구교수	HK Research Professor
		• 연구교수	Research Professor
		• 강의교수	Teaching Professor
		• 산학협력중점교수	Industry-affiliated Professor
	Part-time/ Full-time	• (초빙석좌교수)	(Distinguished Visiting Professor)
		• 초빙교수	Visiting Professor
		• 겸임교수	Adjunct Professor
		• 객원교수	Guest Professor
	Part-time	• 외래교수	Clinical Instructor
		• 시간강사	Part-time Lecturer

_ 출처: 서울대학교 교무처 교무과, 「서울대학교 교원 인사 규정(Regulations governing faculty policies, procedures, guidelines of Seoul National University)」, 2017. (일부 수정함)

• '전임교원'이라는 명칭은 「서울대학교 교원인사규정(Regulations governing faculty policies, procedures, guidelines of Seoul National University」에서 'full-time faculty'로, 「교육공무원법(Public

Education Officials Act)」에서 full-time teaching staff로 번역하고 있다. 서울대학교에는 다양한 직급의 전일제 비전임 교원이 있기 때문에 여기서는 '전임교원'은 tenure-track faculty, 비전임은 non-tenure track faculty로 구분하였다. 영어권에서 'tenured appointment(정년보장임용)'는 '기한의 정함이 없는 임용(indefinite appointment)'으로 원칙적인 종신고용(employment for life)을 의미하는 반면, 한국에서 '정년'은 퇴직하도록 정해진 나이(retirement age)를 의미하기 때문에 '정년'이라는 말에는 차이가 있다. 그러나 시스템의 유사성이 더 크기 때문에 전임교원을 '정년보장트랙(tenure-track)' 교원으로 번역하였다.

- 서울대학교는 "탁월한 연구업적 또는 사회활동을 통하여 국내 및 국제적으로 명성이 있는 인사(a renowned person in Korea and abroad through his/her outstanding research achievements or social activities)"를 석좌교수(Distinguished Professor)로 임용할 수 있도록 규정하고 있다. 2018년까지 6명의 교수를 학내 석좌교수(SNU Distinguished Professor)로 임용하였고, 노벨상 수상자(급) 교원을 초청하는 경우 초빙석좌교수(Distinguished Visiting Professor)로 구분하였다. 2006년까지 Chair Professor로 사용하였으나 2018년 「서울대학교 석좌교수에 관한 규정(Regulations concerning distinguished professors of Seoul National University)」을 지정하면서 Distinguished Professor로 변경하였다.
- 서울대학교는 "전임교원으로 재직하고 퇴직한 사람 중에서 그 재직 중의 업적이 현저한 사람(a person who has attained outstanding achievements while in office)" 중에 추대하여 명예교수로 임명하고 있다. 영어권에서 거의 유사한 직급으로 Professor Emeritus

를 사용하고 있으며, 복수형은 Professor Emeriti이다. 「서울대학교 명예교수 규정(Regulations concerning honorary professors of Seoul National University)」에서 '명예교수'를 'Honorary Professor'로 번역하였는데, 명예학위(honorary degree)를 받은 교수 정도로 오해될 여지가 있어 수정하였다.

- 초빙교수의 경우 초빙석좌교수는 Distinguished Visiting Professor, 초빙교수는 Visiting Professor, 객원교수는 Guest Professor로 각각 번역하였다. 영어권 대학에서는 구분 없이 Visiting Professor를 사용한다는 의견이 많았으나 행정적으로 구분이 필요하다면 따로 정하는 것이 필요하다. 「서울대학교 교원인사규정(Regulations governing faculty policies, procedures, guidelines of Seoul National University)」에서는 초빙교수를 Invited Professor로 번역하고 있는데 영어권에서 많이 사용되지 않는 명칭이어서 수정하였다.
- 산학협력중점교수의 경우 영어권에서는 Visiting Professor로 간단하게 명명한 경우가 많았는데, 소수 용례를 참고하여 Industry-affiliated Professor로 표기하였다. 「교원인사규정」에서는 University-Industry Cooperation Professor로 표기하고 있는데 어색하여 수정하였다.
- 기금교수의 경우 적절한 명칭을 지정하기 어렵다. 2018년 번역된 「서울대학교 기금교수 운영 규정(Regulations governing endowed faculty member system of Seoul National University)」에서는 '(기부금 명칭) Endowed Professor'로 표기하도록 정하고 있으나 실제로 영어권 대학과 같이 특정 기금을 통해 임용하는 사례는 아직 없다.

》교·직원 인사 용어 정리

[임용]

- 임용 시 결격사유 ▶ grounds for disqualification
- 임용권자 ▶ appointment authority
- 임용제청권자 ▶ appointment recommendation authority
- 추천임용 ▶ employment on recommendation
- 전력조회 ▶ reference check
- 근무상한연령 ▶ maximum age for service
- 국가유공자 ▶ person of distinguished service to the State
- 공개채용 ▶ open competitive recruitment

[근무]

- 연가 ▶ annual leave
- 병가 ▶ sick leave
- 공가 ▶ duty leave
- 유급휴가 ▶ paid leave
- 무급휴가 ▶ unpaid leave
- 생리휴가 ▶ menstrual leave
- 출산휴가 ▶ maternity leave
- 육아휴직 ▶ parental leave
- 안식년 ▶ sabbatical leave
- 연구년 ▶ research leave
- 복직 ▶ reinstatement
- 조기퇴직 ▶ early retirement
- 명예퇴직수당 ▶ honorary retirement allowance
- 정년연장 ▶ extension of retirement age

[승진]

- 근무성적 ▶ performance evaluation
- 다면평가 ▶ multi-source evaluation
- 추서(追敍) ▶ posthumous honors
- 정년 ▶ retirement age

[징계]

- 직위해제 ▶ release from (his/her) position
- 징계위원회 ▶ disciplinary committee
- 징계의결 ▶ conclusion on disciplinary action
- 경징계 ▶ moderate disciplinary action
- 견책 ▶ reprimand
- 감봉 ▶ reduction of salary
- 중징계 ▶ severe disciplinary action
- 정직 ▶ suspension from office
- 강등 ▶ demotion
- 해임 ▶ dismissal
- 파면 ▶ removal
- 소청심사위원회 ▶ appeals review committee

[복무]

- 신분보장 ▶ guarantee of status
- 성실의 의무 ▶ duty of fidelity
- 복종의 의무 ▶ duty of obedience
- 직장 이탈금지 ▶ prohibition of deserting office
- 친절·공정의 의무 ▶ duty of kindness and impartiality
- 종교중립의 의무 ▶ duty of religious neutrality
- 비밀엄수의 의무 ▶ duty of confidentiality
- 청렴의 의무 ▶ duty of integrity
- 품위 유지의 의무 ▶ duty to maintain dignity
- 정치 운동의 금지 ▶ prohibition of political activities
- 집단 행위의 금지 ▶ prohibition of collective action

_참고 자료: United States Office of Personnel Management, *Handbook on Leave and Workplace Flexibilities for Childbirth, Adoption, and Foster Care*, 2015; 한국법제연구원, 「공무원임용령(Decree on the Appointment of Public Officials)」, 「공무원징계령(Decree on Disciplinary Action Against Public Officials)」.

04

직원

교직원의 직급과 직위

서울대학교는 법인화 이후 기존의 공무원과 기성회 직원을 법인직원 1~8급으로 통합하고, 직렬도 일부 통합하였다. 법인직원의 직급(class)은 관리관(1급), 정책관(2급), 선임행정관(3급), 행정관(4급), 담당관(5급), 선임주무관(6급), 주무관(7급), 실무관(8급)으로 나누었고, 신입직원은 실무관시보로 임용한다. 각 직급의 직원은 국장, 과장, 팀장 등 고유의 책임과 권한이 있는 직위(position)를 부여받는다.

공무원 직제에 기반을 둔 이런 시스템을 상당히 다른 직장문화를 가진 영어권의 staff directory와 유사하게 번역하는 것은 무리이고 부적절한 일이다. 법제처 '한국법제연구원'의 「국가공무원법(State Public Officials Act)」, 「교육공무원법(Public Education Officials Act)」 번역과 2006년까지 서울대학교 기획처에서 발간한 『서울대학교 기구 등의 영문 표기』를 기준으로 하면서, 미국 대학에서 흔하게 사용하는 교직원 직급(Level)을 혼합하여 서울대학교의 직급과 직위를 다음과 같이 영문화하였다.

▶ 서울대학교 법인직원의 직급과 직위 표현(안)

직급 class	직위 예시 positions
장관급 equivalent to Minister	• 총장 President
차관급 equivalent to Vice Minister	• 부총장 Vice President
1급 관리관 University Staff of Level I	• 사무국장 Director-General, Bureau of General Administration • 시설관리국장 Director-General, Bureau of Construction and Facilities Management
2급 정책관 University Staff of Level II	• 재정전략실장 Director-General, Office of Financial Planning
3급 선임행정관 University Staff of Level III	• 교무과장 Director, Division of Academic Affairs
4급 행정관 University Staff of Level IV	• 학사과 행정관 Deputy Director, Division of Educational Affairs • 대외협력팀장 Manager, External Affairs Coordination Team • 법학전문대학원 행정실장 Manager, Administration Office, School of Law ※ 과 내 행정관은 Deputy Director, 독립된 조직을 이끄는 경우는 Manager
5급 담당관 University Staff of Level V	• 주임 Associate Deputy Director • 글로벌사회공헌단 행정팀장 Manager, Administration Team, Institute for Global Social Responsibility • 장학복지과 주임 Associate Deputy Director, Division of Scholarships and Welfare

직급 class	직위 예시 positions
6급 선임주무관 University Staff of Level VI	• 학적담당 주무관 Registrar Officer • 홍보담당 선임주무관 Public Relations Officer • 서무담당 실무관 General Affairs Staff
7급 주무관 University Staff of Level VII	
8급 실무관 University Staff of Level VIII	
실무관 시보 Probationary Staff	• 행정보조 Assistant

* 법인직원의 직급·직위 명칭은 공식적으로 정해진 바는 없으며, 직급은 공무원 직급의 번역을, 직위는 법인화 이전부터 사용하던 명칭을 준용하였다.

직제의 영문 표현

법인직원의 직제 번역을 이해하기 위해서는 우선 '직급'과 '직위'가 다르다는 것을 명확히 이해해야 한다. 공무원 직제에서는 다음과 같이 구분하고 있다.

직위(position)와 직급(class)

- 직위(職位, position): 한 명의 공무원에게 부여할 수 있는 직무와 책임
  The term 'position' means the duties and responsibilities vested in a public official
- 직급(職級, class): 직무와 책임이 유사한 직위의 군
  The term 'class' means a group of positions in which the categories, complexity and responsibility of duties are broadly similar

_ 출처: 한국법제연구원, 대한민국영문법령, 「국가공무원법」.

직위와 직급은 별개이기 때문에 4급 행정관으로 직급(class)이 같더라도 직위(position)는 단과대학 행정실장(Manager)일 수도 있고, 연구정책과 행정관(Deputy Director)일 수도 있다.

직급 타이틀에 대한 명칭(실무관, 주무관 등)은 따로 번역하지 않고 숫자로만 표기하였다. 이는 한국법제연구원의 「국가공무원법」 번역을 따른 것이다. 공무원의 직급은 고위직 공무원(senior public official)과 일반직 공무원 1~9급(public official of grade 1-9)으로 크게 구분하는데, 일반직의 급을 'grade'로 번역하고 일반직 직급에 대한 타이틀(사무관, 서기관 등)은 영문을 제시하지 않고 있다.

공무원 5급 사무관 직급의 영문 표현

Public Official of Grade V / Grade V Public Official / Grade 5 Public Official

미국에서도 직급은 숫자로 표현하는 것이 보편적인데, 이때 학점이나 학년을 연상시키는 grade보다는 level을 보편적으로 사용하고 있어, 서울대학교 법인직원 직급 표기에도 grade 대신 level을 사용하였다.

서울대학교 직원의 직렬은 행정직, 사서직, 시설직, 전산직 등 10개 이상(2017년 기준)으로 구분되어 있다. 다양한 직렬을 포함한 직급은 다음과 같이 표현할 수 있다.

- 8급 사서직 실무관 Librarian Staff of Level VIII
- 7급 전산직 주무관 Computer Staff of Level VII
- 6급 공업시설직 선임주무관 Construction Staff of Level VI
- 5급 농림식품직 담당관 Food and Agriculture Staff of Level V
- 4급 보건환경직 행정관 Health and Environment Staff of Level IV

• 3급 시설운영직 선임행정관 Facilities Management Staff of Level III

* 직렬의 구분은 법제처 한국법제연구원의 「공무원임용령(Decree on Appointment of Public Officials)」의 번역을 준용하였다.

그 외에 법인직원 직급 번역에 대한 소수 의견으로 영어권 기업에서 사용하는 직급명을 차용하는 안도 있었다. 8급은 Staff(사원), 6~7급은 Assistant Manager(주임/대리), 5급은 Manager(과장), 4급은 Senior Manager(차장), 3급은 General Manager(부장급), 2급은 Managing Director(상무급), 1급은 Executive Director(전무급)와 같이 번역하는 것이다.

'4급 이상 직원(staff of level IV or higher in rank)' 또는 '5급 이하 직원(staff of level V or lower in rank)'으로 구분하는 카테고리에 포함되지 않는 더 많은 직원에 대해서는 연봉제 직원(employees subject to the annual salary system), 계약직 직원(contract staff), 무기계약직 직원(continuing contract staff), 일용직 직원(daily worker) 등으로 번역할 수 있다.

공무원 직제의 영문 표현

❶ 한국과 미국의 공무원 직제

한국의 공무원

구분 기준	종류	
경력직 Career Service	일반직 공무원 (1급 ~ 9급)	public official in general service (Grade 1 - Grade 9)

구분 기준	종류	
경력직 Career Service	특정직 공무원 (법관, 검사, 외무공무원, 경찰공무원, 소방공무원, 교육공무원, 군인, 군무원, 헌법재판소 헌법연구관, 국가정보원의 직원 등)	public official in special service (judges, public prosecutors, foreign service officials, police officers, fire officers, public educational officials, members of armed forces, military service officials, research officers of the Constitutional Court, employees of the National Intelligence Service, etc.)
특수경력직 Non-career Service	정무직 공무원	public official in political service
	별정직 공무원	public official in extraordinary civil service
일반 직급 외 Other Classes	고위직 공무원	senior public official
	계약직 공무원	public official in contractual service
지역 Region	국가직 공무원	state public official
	지방직 공무원	local public official

_출처: 한국법제연구원, 대한민국영문법령, 「국가공무원법」, 「공무원임용령」.

미국의 공무원

미국은 연방법으로 공무원의 직무와 보수 등을 규정하고 있다. 미국의 공무원 직제 구분과 용어를 이해하여, 외국인에게 한국식 직제를 쉽게 설명할 때 적절히 활용하도록 하자.

구분 기준		공무원의 종류
근무시간 Work Schedule	상근직	full-time employee (주 5일 8시간)
	비상근직	part-time employee (주급 지급)
	일용직	intermittent employment (일급 지급)
직위 Position	정규직	permanent position
	비정규직	temporary position (근무연한 1년 미만)
임용형태 Kinds of Appointments	경력직	Career position (공개경쟁임용)
	조건부 일반직	Career-conditional ('경력직'의 시보기간)
	별정직	Excepted (공개시험을 거치지 않는 특수직종으로 교수, FBI 수사관 등)
	임기직	Term (1~4년 임기로 당선)
	한시직	Temporary (긴급상황에서 임용)
보수표 구분 Pay Schedule	일반직 보수표: - 전문적 업무 - 행정 업무 - 기술적 업무 - 서기 업무	General Schedule (GS) - Professional Work - Administrative Work - Technical Work - Clerical Work
	특별보수체계에 따른 직종: - 외무공무원 - 법무담당관 - 사법무공무원 등	Special Schedule Positions - Foreign Service Schedule - Administrative Law Judges - Judicial Branch Employees
	연방임금체계	Federal Wage System (WS)
	고위공무원단	Senior Executive Services (ES)
	상위직 공무원	Senior Level (SL) (일반직이 승진한 경우로 고위공무원(ES)과는 다름)
	정무직 공무원	Executive Level Schedule Position (EX Level I - EX Level V)

_ 참고 자료: 김신복(서울대학교 행정대학원 교수), 「공직분류체계 개선방안」, 한국행정학회, 1999.

Q 다음 인사발령을 영어로 공지해 보자.

인사발령

기획처 직원 인사발령 알림(2019. 7. 3.)
이은미(기획과)

기획처
행정 담당관 김 영 우 기획과 근무를 명함

기획처
행정 담당관 유 해 진 대외협력팀 근무를 명함 / 평의원회 겸무를 명함

2019. 7. 3.
서울대학교 기획처장

A

Personnel Announcement

Posted by Yi Eun-mi on July 3, 2019

The Dean of the Office of Planning and Communication welcomes new staff members: Kim Young-woo (Administrative Staff of Level 5) in the Division of Planning, and Ryu Hae-jin (Administrative Staff of Level 5) in the External Affairs Coordination Team, serving concurrently as Manager of the Secretariat of the University Senate.

조직

01 대학

02 행정조직

03 교육조직

01

대학

대학 Higher Education vs University

우리나라의 교육과정은 취학전 교육(Preschool Education), 초등교육(Elementary Education), 중등교육(Secondary Education), 고등교육(Higher Education)으로 분류된다. 대학교육을 의미하는 '고등교육'은 우리말에서는 잘 쓰이지 않는 용어이지만, '대학'으로 번역되는 용어 중 상당수가 영어로는 higher education으로 표현된다.

문맥에서 '대학'이 기관으로서의 대학교를 지칭할 때는 'university'로 번역하고, 우리나라의 고등교육 시스템이라는 의미일 때는 'higher education'으로 번역하는 것이 적절하다.

- "한국 대학의 미래" ('고등교육 시스템'을 추상적으로 지칭하고 있음)
  The future of higher education in Korea (○)
- "교육부가 대학평가를 실시한다." (각 대학을 평가하고 있음)
  The Ministry of Education conducts university evaluation. (○)

대학의 구분

교육부에서는 우리나라의 고등교육기관을 다음과 같이 분류하고 있다.

• 대학	▶ University
• 산업대학	▶ Industrial University
• 교육대학	▶ University of Education
• 전문대학	▶ Junior College
• 방송통신대학	▶ Open University
• 기술대학	▶ Polytechnic College
• 원격 및 사이버대학	▶ Cyber College & University
• 기능대학	▶ Technical College
• 사내대학	▶ In-House College

_ 출처: 교육부, 『Education in Korea』, 2015.

서울대학교는 2001~2002년 '세계 수준의 연구중심 종합대학(World-Class Comprehensive Research University)'이 되겠다는 비전을 설정하였다. 글로벌 명문 대학이 되겠다는 의지를 담은 비전이었지만, 홍보 브로슈어에 인쇄된 영문 비전을 읽은 외국인들은 어떻게 한 대학이 '종합대학(comprehensive university)'이면서 '연구중심대학(research university)'일 수 있느냐며 의문을 표시하였다. 캐나다에서는 대학 랭킹을 발표할 때 명문 대학을 제외한 comprehensive university 랭킹을 별도로 발표하고, 미국에서는 comprehensive university가 대규모 지방 공립대학(regional public university)과 가까운 말이다. 세계적인 연구를 수행하는 대학이 comprehensive university를 비전으로 세웠다는 것에 이상한 반응을 보인 것은 당연한 일이다.

영어권에서는 대학을 어떻게 분류하는지 전 하버드 대학 총장 Derek Bok 박사가 쓴 *Higher Education in America*에 제시된 설명을 참고해 보자.

❶ Research University

하버드, 스탠퍼드 등 우리나라에 잘 알려진 미국의 명문 대학 200개가 여기에 속한다. 가장 많은 예산을 받아 세계적인 연구를 수행하는 수백 년 전통의 대학으로 입학 시 경쟁률이 높다. 우리말로는 '연구중심대학'이라고 번역한다. 미국에서 보편적으로 활용하는 '카네기 분류(Carnegie Classification of Institutions of Higher Education)'에서는 연구중심대학을 다시 연구 수준에 따라 R1, R2, R3로 구분한다.

❷ Comprehensive University

대형 주립대학 등 700개 정도의 종합대학이 여기에 속한다. 학생 수가 많아서 합격이 쉽고 학생의 구성이 다양하다. 대학원 과정은 학문보다는 직업교육 중심이다. 연구를 수행하지만 실용적인 프로젝트가 많다. 주로 공립대학이어서 지역봉사활등에 열심히 참여한다.

❸ Four-Year College

Amherst College, Williams College 등과 같은 소규모 학부중심 대학 1,000여 개가 여기에 속한다. 소수의 학생을 선발하여 높은 수준의 학부교양교육을 제공하며, 등록금이 비싸다. 등록금은 동문 기부금에 의존하는데 최근에는 등록금이 저렴한 주립대학과의 경쟁에서

밀리고 있다고 한다.

❹ Community College

누구나 부담 없이 공부할 수 있는 2년제 대학으로 미국에 있는 대학의 40%가 여기에 속한다. 학생은 주로 인근에 거주하는 다양한 연령대의 사람들이다. 졸업생 다섯 명 중 한 명은 4년제로 편입하지만 졸업하지 못하는 학생도 많다. 주로 산업계 경력자들이 교수가 되어 가르치며, 재정은 지방자치단체의 지원을 받는다.

❺ For-Profit College

주로 나이 든 학생들이 직업과 직결되는 실용적인 교육을 받는 작은 규모의 대학이다. 미국에 1,300개 정도가 있는데 University of Phoenix가 대표적이다. 졸업해도 학위의 권위를 인정받기는 어려운 대학이다. 재정은 학생들의 등록금으로 운영한다.

_ 출처: Derek Bok, *Higher Education in America,* 2013, pp. 9-14.

미국 대학의 구분을 국내 대학에 적용한다면 서울대학교 등 일부 대학원 중심 대학이 research university, 지방의 학부중심 국립대학이 comprehensive university라고 볼 수 있다.

02

행정조직

대학의 행정조직도와 학사조직도

미국 연구대학들의 홈페이지에서 조직도(organization chart)를 열어 보면 대개 행정조직도(administrative organization chart)와 학사조직도(academic organization chart)로 구분되어 있다.

행정조직도는 대학 본부의 행정기구 구성을 보여 주고, 학사조직도는 단과대학, 대학원, 학부 등의 교육조직을 보여 준다. 행정조직도에서 핵심은 각 부서를 이끄는 Vice President이고, 학사조직도의 핵심은 모든 단과대학 학장 위에 있는 Provost이다.

다음 쪽에는 미국교육협의회가 제시한 보편적인 대학행정조직도를 제시하였다. 조직도의 최상단에는 최고의사결정기구인 이사회(Board of Trustees)가 있고, 총장보좌직속기관(Assistance to the President)으로 법률자문단(Legal Counsel), 연설문작성팀(Editorial Assistant), 정부를 상대하는 대관팀(Federal Relations), 비서진(administrative assistant) 등이 있다.

7명의 부총장은 Business(시설기획, 자산관리), Development(기금모

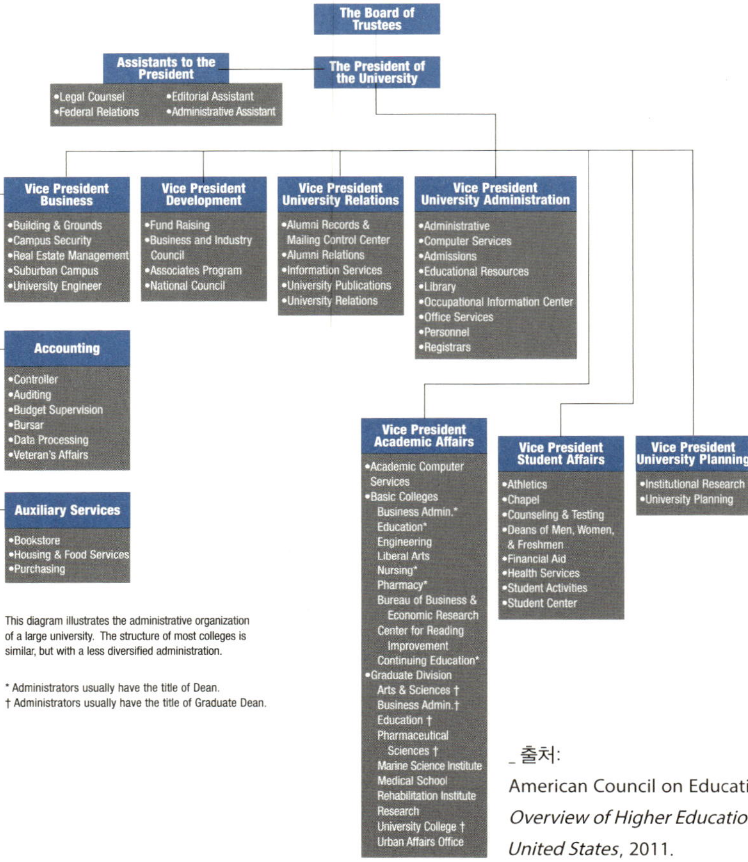

_출처:
American Council on Education, *An Overview of Higher Education in the United States*, 2011.

미국 대학에서 보편적으로 사용하는 보직교수 직급명과 업무분장

금), University Relations(동문관리, 홍보), University Administration(입학, 학적, 도서관, 직원인사), Academic Affairs(학사행정, 전산업무), Student Affairs(학생활동, 장학복지), University Planning(연구정책, 대학운영계획)을 맡고 있다. Auxiliary Services로 독립된 것은 서울대학교 생활협동조합에 해당하는 기관이다.

서울대학교의 행정조직과 담당업무

다음은 서울대학교 국문 홈페이지에 게재된 과·팀별 담당업무를 이 책을 펴내면서 새롭게 번역한 내용이다. (2017년 9월 콘텐츠 기준)

○ 교무처 Office of Academic Affairs

교무과 Division of Academic Affairs	
담당업무 Duties & Responsibilities	
대학(원), 학과(부), 과정의 설치 및 폐지	Establish or abolish colleges, graduate schools, departments, and programs
학생정원 관리 및 모집단위 조정	Manage admission quota
학사일정 관리 및 국내 학술교류	Organize academic schedules and operate domestic exchange programs
전임교원, 조교의 임용 및 정원 관리	Appoint tenure-track faculty and academic assistants; Manage job openings for faculty and academic assistants
교원 파견, 휴(복)직 및 연구년 운영	Manage dispatch, leave of absence, returning to office, and research leave for faculty
교원 국외여행 및 제 증명 관리	Manage overseas travel and issue certificates for faculty
부속시설 (박물관, 미술관, 언어교육원 등) 관리	Support and oversee affiliated institutions: University Museum, Museum of Art, Language Education Institute, etc.

학사과 Division of Educational Affairs	
담당업무 Duties & Responsibilities	
학적관리	Manage academic records
수업 및 성적 관리	Manage courses and grades
수강신청 관리	Manage course registration
계절수업 관리	Manage summer/winter sessions
증명발급, 학력조회	Issue academic certificates and verify degrees
졸업 및 학위수여 관리	Manage graduation and diploma conferral
부속시설 관리 (평생교육원)	Support and oversee affiliated institutions: Extension College

학생처 Office of Student Affairs

학생지원과 Division of Student Service	
담당업무 Duties & Responsibilities	
학생활동의 지도 및 지원	Guide and support students' activities
문화·체육행사 업무	Manage sports and cultural events
학생 상벌 업무	Operate reward and discipline systems for students
병무 및 전문연구 요원 관리	Manage students' military service and technical research personnel
S-Card 발급 업무	Issue S-Card (student ID card)

학생지원과 Division of Student Service

담당업무 Duties & Responsibilities	
서울대학교 견학 업무 등	Operate campus tour program
총학생회 및 동아리 연합회 등 학생 자치 단체 지도·지원	Advise and support Student Council and Student Clubs Association
각종 학생 소통 관련 회의 운영	Organize meetings with students
학생이 참여하는 각종 위원회에 학생위원 추천	Recommend students for university committees
학생 및 학생 자치단체와의 소통 및 지도	Advise and support students' organizations

장학복지과 Division of Scholarships and Welfare

담당업무 Duties & Responsibilities	
복지업무 총괄	Operate welfare programs
장학업무 총괄	Operate scholarship programs
장애학생지원	Support disabled students
교직원주택 및 BK국제관 운영	Manage university housing
건강보험 및 학생의료공제회	Manage health insurance and medical aid service for students

연구처 Office of Research

연구정책과 Division of Research Policy	
담당업무 Duties & Responsibilities	
연구진흥 정책 및 기본계획의 수립	Establish plans and policies to promote research
창업 및 산학협력 관련 업무	Administrative work to promote campus start-ups and university-industry cooperation
대형 연구과제(BK21 플러스 사업 등) 유치·지원	Provide assistance in applying for large-scale research projects such as BK21 PLUS
국가지원연구센터 운영 및 지원	Manage and support government-funded research centers
산학협력단 운영 지원	Manage and support R&DB Foundation
연구비 관련 감사 및 평가업무 지원	Provide administrative assistance for research grant audits and project evaluations
미래연구위원회, 연구운영위원회 운영 등	Operate research committees: Future Research Committee, Research Operation Committee, and others

연구지원과 Division of Research Support	
담당업무 Duties & Responsibilities	
연구지원 정책 및 기본계획 수립	Establish plans and policies to support research
연구교류 및 학술활동 지원	Support research exchange and academic activities
연구원 임용 업무	Appoint research fellows

연구지원과 Division of Research Support

담당업무 Duties & Responsibilities	
연구소(원) 설치, 지원 및 평가	Establish and evaluate research institutions
실험·실습 기자재 확충 및 운영 지원	Secure and manage research facilities
학술연구용 기기 및 물품 관세 감면에 관한 업무	Manage tariff reductions and exemptions of research facilities
특별연구사업 지원	Support special research projects
교원성과급 연구보조비 지급에 관한 사항	Manage payment of performance-based bonuses and research allowances for faculty
신임교수연구정착금에 관한 업무	Administer research settlement fund for new faculty
연구결과의 관리 및 연구성과의 보급·홍보·활용에 관한 사항	Promote research results to the public
연구원심사위원회, 연구소위원회 운영	Operate Research Evaluation Committee and Research Institutions Committee
규장각한국학연구원, 실험동물자원관리원, 기초과학공동기기원, 환경안전원에 관한 사항	Support and oversee Kyujanggak Institute for Korean Studies, Institute of Laboratory Animal Resources, National Center for Inter-University Research Facilities, and Institute of Environmental Protection and Safety
(사)서울대학교출판문화원, 국제백신연구소 업무 협조	Cooperate with SNU Press and International Vaccine Institute

연구윤리팀 Research Ethics Team

담당업무 Duties & Responsibilities	
연구윤리에 관한 기본계획 수립	Establish plans to ensure research ethics
연구진실성위원회 운영	Operate Research Ethics Committee
연구윤리 심사 승인	Conduct research ethics assessment
연구의 진행과정 및 결과에 대한 조사·감독	Oversee ethical aspects of research practice
연구윤리 위반사항 조사업무 지원	Investigate research ethics violations
연구윤리 교육	Offer research ethics training

기획처 Office of Planning and Coordination

기획과 Division of Planning

담당업무 Duties & Responsibilities	
대학발전 및 학사운영에 관한 계획의 수립	Establish comprehensive plans for university development and operation
캠퍼스 시설·재정 및 예산 관련 기획	Establish plans for campus buildings & facilities Establish financial plans for the university
대학운영의 평가 및 분석	Conduct analysis and evaluation of university administration
각종 교육통계의 작성·관리	Compile statistics on academic matters

법무팀 Legal Affairs Team

담당업무 Duties & Responsibilities	
소송사무의 관리	Manage litigations
법령, 정관, 학칙 및 각종 규정의 해석	Interpret rules and regulations
각종 계약서의 검토	Provide legal review of contracts
소송 등 법무 통계의 작성 및 유지 등	Conduct statistical analysis on litigation affairs

회계지원팀 Accounting Support Team

담당업무 Duties & Responsibilities	
회계제도 수립 및 개선 지원	Establish fiscal system of the university
회계 관련 시스템 및 프로세스 개선	Reform university's fiscal procedures
종합 재무제표 작성 등 관리회계 업무	Prepare university financial statement
회계 결산 지원	Provide guidance in the settlement of accounts
회계·세무 관련 상담 및 교육지원	Provide counsel and training on accounting and taxation

대외협력팀 External Affairs Coordination Team

담당업무 Duties & Responsibilities	
대외 기관 협력	Coordinate with external institutions
평의원회 운영 및 지원에 관한 사항	Manage and support University Senate

대외협력팀 External Affairs Coordination Team

담당업무 Duties & Responsibilities	
교수협의회, 노동조합 등 학내 기구 및 단체와의 협조	Cooperate with independent organizations in the university-Faculty Council, Labor Union, and others
자랑스러운 서울대인, 발전공로상, 사회봉사상, 수상자 선정에 관한 사항	Operate university honors programs: 'Distinguished SNU Members', 'SNU Leadership Award', and 'Service to Society Award'
서울대학교병원, 서울대학교치과병원과의 협력	Cooperate with University Hospital and University Dental Hospital
학내 구성원과의 소통에 관한 사항	Promote internal communication among the university community

홍보팀 Public Relations Team

담당업무 Duties & Responsibilities	
홍보계획 수립 및 시행	Establish public relations plan
언론매체 보도 지원	Communicate with media
국영문 대표 홈페이지 관리	Maintain the university website
홍보 책자 『서울대 사람들』 기획 발간	Publish university magazine *SNU People*
홍보용 사진 촬영 및 DB 관리	Take photos of university events and maintain photo database
서울대학교 홍보관 'SNU HALL' 운영	Manage 'SNU Hall'

홍보팀 Public Relations Team

담당업무 Duties & Responsibilities	
SNS 운영 (트위터, 블로그)	Manage social media accounts
학내 온라인 뉴스레터 제작	Publish online newsletter

재정전략실 Office of Financial Planning

예산과 Division of Budget Control

담당업무 Duties & Responsibilities	
법인회계 예산에 관한 기본계획 수립 및 심사분석	Establish plan for general budget accounting
법인회계 예산 편성 및 운영	Operate and allocate budget
학생등록금 책정 및 등록금심의원회 운영	Operate Tuition Decision Committee
국고출연금 확보·편성 및 운영	Secure and operate government contribution to university
국고보조금·수입대체경비 운영	Operate government subsidy and money replacing revenue
재경위원회 운영	Operate University Committee on Financial Affairs
중장기 대학 재정 전략 수립 및 시행	Establish and implement mid- and long-term financial plan
대학 재원의 통합적 관리	Comprehensively manage university's financial resources

자산운영과 Division of Asset Management	
담당업무 Duties & Responsibilities	
본교 자산운영에 관한 기본계획 수립	Establish university asset management plan
자산의 취득, 기부채납 및 처분에 관한 사항	Acquisition, donation, and disposal of university assets
자산의 위탁관리, 임대 및 임차에 관한 사항	Entrustment, lease, and rent of university assets
자산운영에 따른 취득세, 재산세 등 각종 세금에 관한 사항	Manage taxes on university assets such as acquisition tax and property tax
자산 실태조사 및 평가에 관한 사항	Inspection and evaluation of university assets
건물 화재보험 가입	Fire insurance subscription

사무국 Bureau of General Administration

인사교육과 Division of Personnel Management	
담당업무 Duties & Responsibilities	
직원 인력운용(임용, 정원관리, 보수정책) 계획에 관한 사항	Establish plans for personnel management including employment, quota, and compensation
직원 교육훈련 및 성과평가에 관한 사항	Offer training and conduct evaluation for staff members
사립학교 교직원 연금, 공무원연금, 국민연금, 고용·산재 보험에 관한 사항	Manage pension and insurance for staff members: Teachers' Pension, Public Officials Pension, National Pension, Employment Insurance, and Industrial Accident Compensation

인사교육과 Division of Personnel Management

담당업무 Duties & Responsibilities	
교직원 신분증에 관한 사항	Issue staff ID cards
직원 제증명 발급에 관한 사항	Issue certificates for staff
대학행정교육원에 관한 사항	Operate the Academy of University Administration
자체직원에 관한 사항	Manage contractual staff

총무과 Division of General Affairs

담당업무 Duties & Responsibilities	
관인관수	Manage official stamps
문서(전자문서)관리	Operate official document system including electronic documents
법령 및 제규정	Administer university rules and regulations
민방위 및 직장예비군	Assist in organizing civil defense and workplace reserve forces
노동조합 업무	Communicate with labor unions
공용차량 업무	Manage official vehicles

재무과 Division of Finance & Property

담당업무 Duties & Responsibilities	
법인회계 세입 및 세출예산 집행	Implement university budget

재무과 Division of Finance & Property

담당업무 Duties & Responsibilities	
법인회계 세입·세출 결산	Manage settlement of revenue and expenditure of general accounts
법인회계 자금관리	Manage expenditure of general budget
세입세출외현금 관리 및 제도개선	Manage extra-budgetary funds
교직원 보수 지급	Manage payment of faculty and staff salaries
교직원 보수 연말정산	Manage year-end tax settlement for faculty and staff
법인회계 교직원 보직수행경비 및 월정직책급 지급	Make payment of faculty and staff allowances for assigned positions or for job grade
교직원 맞춤형 복지 운영	Operate customized welfare system for staff
등록금 수납 계획, 수납 및 제도개선	Manage tuition payment plan
법인세, 부가가치세 등의 세무신고 및 납부	File and pay taxes such as corporate tax and value added tax
물품 구매 관리 및 제도개선	Manage university purchasing and reform purchasing policy
물품 재물조사	Inspection of university property
공공요금 수납 및 납부	Make payments for public utility charges

행정관리팀 Administrative Management Team

담당업무 Duties & Responsibilities	
반부패·청렴도 향상에 관한 사항	Promote anti-corruption and integrity policies

행정관리팀 Administrative Management Team	
담당업무 Duties & Responsibilities	
자체감사 처분요구 사항 이행 추진	Follow up internal audit recommendations
청탁금지법 이행 및 행동강령 준수에 관한 사항	Publicize and implement the 'Improper Solicitation and Graft Act' and the 'Code of Conduct for Staff'
국정감사 수감 및 국회 요구자료 대응	Respond to the National Assembly's inspection
상시제안제도 운영	Operate year-round proposal system

시설관리국 Bureau of Construction and Facilities Management

캠퍼스관리과 Division of Campus Management	
담당업무 Duties & Responsibilities	
시설관리 및 청소·경비용역	Maintain facilities and provide cleaning and security services
청사 방화관리 및 화재예방	Fire prevention and protection
캠퍼스 범죄, 도난예방	Prevent campus crimes and theft
교내 교통관리 및 주차관제시스템 운영	Operate campus traffic and parking system
버들골 잔디밭 사용승인	Authorize the use of campus outdoor facilities

시설기획과 Division of Construction

담당업무 Duties & Responsibilities	
신·증축공사 등의 계획수립	Establish plans for new construction and remodeling
신·증축공사 등의 조달 및 회계사무	Administer construction budget
신·증축사업공사 등의 설계·감독 및 검사	Supervise and inspect new construction and remodeling
신·증축사업공사에 소요되는 관급자재의 수급관리	Manage government supply of construction materials
신·증축시설공사를 위한 건축협의 등	Deliberate on new construction and remodeling plans

시설지원과 Division of Facilities Management

담당업무 Duties & Responsibilities	
관악캠퍼스 시설물 유지관리 및 보수 업무(건축, 토목, 전기, 통신, 기계 분야)	Maintain and repair campus facilities: buildings, infrastructure, electrical system, communication system, mechanical systems
※ 고장신고: 바로처리센터(02-880-2000)	For facility repair requests, call Customer Service Center (Tel. 02-880-2000)

* 표에서 사용된 조직의 공식 영문 명칭은 『서울대학교 기구 등에 대한 영문 표기』(2006)를 기준으로 하고, 이후 신설과 변경 등을 반영하였다.
* 담당업무의 내용은 서울대학교 홈페이지 조직도(http://www.snu.ac.kr/organization/chart)에 게재된 과·팀별 담당업무를 기준으로 번역하였다. (기준일: 2017년 9월)
* 번역: 조문주
  감수: Travis L. Smith 교수

03

교육조직

교육조직 명칭의 위계

국내 대학의 교육조직 영문 명칭은 대부분 영어권 대학과 유사한 방식으로 위계를 갖추고 있다.

University	>	College, School	>	Department	>	Major, Program
대학교	>	단과대학	>	학부, 학과	>	전공, 과정

주의해야 할 점은 BK사업 이후 서울대학교의 많은 '학과(department)'가 2개 이상 통합하여 '학부'가 되었는데, 이 경우에도 department라는 동일한 명칭을 쓰기로 결정되었다는 것이다. '학부'라는 새로운 조직에 대한 명칭을 검토하였으나 college와 department의 중간에 해당하는 영문 용어를 찾기 어려워 내린 결정이다. 일부 학부에서 '학부'를 school of ~로 독립된 대학원급으로 번역하고 있는 부분은 바로잡아야 할 것이다.

'학과'와 '학부'의 올바른 표기

생물학과, 미생물학과, 분자생물학과를 통합하여 현재의 생명과학부가 되었다.

- 생물학과　　Department of Biology (○)
- 미생물학과　Department of Microbiology (○)
- 생명과학부　Department of Biological Sciences (○)
- 생명과학부　School of Biological Sciences (×)

▶ 교육조직의 올바른 영문 표기

단위		예시
대학	College	College of Humanities 인문대학
학부	Department	Department of Economics 경제학부
학과	Department	Department of Education 교육학과
전공	Major	Astronomy Major, Department of Physics and Astronomy 물리천문학부 천문학 전공
연합전공 (학부)	Interdisciplinary Major (for Undergraduates)	Entrepreneurship Major 벤처경영학 연합전공
연계전공 (학부)	Interdisciplinary Minor (for Undergraduates)	Interdisciplinary Minor in Financial Mathematics 금융수학 연계전공
대학원 협동과정	Interdisciplinary Program (for Graduates)	Interdisciplinary Program in Gender Studies 여성학 협동과정

서울대학교의 교육조직

❶ 현재의 교육조직

15개 단과대학, 1개 일반대학원, 11개 전문대학원

15 Colleges, 1 Graduate School, 11 Professional Graduate Schools

• 인문대학	▶ College of Humanities
• 사회과학대학	▶ College of Social Sciences
• 자연과학대학	▶ College of Natural Sciences
• 간호대학	▶ College of Nursing
• 공과대학	▶ College of Engineering
• 경영대학	▶ College of Business Administration
• 농업생명과학대학	▶ College of Agriculture and Life Sciences
• 미술대학	▶ College of Fine Arts
• 생활과학대학	▶ College of Human Ecology
• 수의과대학	▶ College of Veterinary Medicine
• 약학대학	▶ College of Pharmacy
• 음악대학	▶ College of Music
• 의과대학	▶ College of Medicine
• 자유전공학부	▶ College of Liberal Studies

* 서울대학교는 문리과대학에서 분리된 인문/사회/자연 대학을 가장 앞에 두고 그 이후는 가나다순으로 표기한다.
* 기존의 16개 단과대학에서 법과대학(College of Law)의 폐지로 15개 단과대학이 되었다.
* 서울대학교 전체 교육기관(대학, 학과, 과정)에 대한 명칭은 부록으로 첨부하였다.

Q 다음 중 서울대학교 교육조직의 영문 명칭이 맞게 표기된 것은?

① 노어노문학과 Department of Russian Literature

② 경제학부 School of Economics

③ 뇌과학협동과정 Interdisciplinary Program in Neuroscience

④ 생활과학대학 College of Life Sciences

⑤ 농업생명과학대학 College of Agriculture and Life Science

A ③

① Department of Russian Language and Literature가 맞다. '~ 어문학과'는 어학과 문학을 포함한다는 의미라서 영어로는 'Language and Literature'로 표현한다.

② Department of Economics가 맞다. 경제학과와 국제경제학과를 통합해 1998년 '경제학부'가 되었지만, '학부'와 '학과'는 영어로 동일하게 Department를 사용한다.

③ 대학원의 협동과정은 'Interdisciplinary Program in ~'으로 표현하고 있다.

④ College of Human Ecology가 맞다. 영문 학사조직명이 직관적인 번역과는 다른 경우도 많아 반드시 확인해야 한다.

⑤ 마지막 Science가 복수형 Sciences로 되어야 맞다. 자연과학대학 등 '과학'이 포함된 조직명은 대부분 sciences를 쓴다. 예외적으로 정치학과 Political Science나 공학 분야에서 'Science and Engineering'으로 표현할 때는 단수를 쓴다. (재료공학부: Department of Materials Science and Engineering)

급여

01

교직원 급여

교수도 모르는 교수 급여체계

수년 전 국제협력본부에서 열린 외국인 교수 간담회에서 한 영국인 교수가 "내 월급이 매달 다른데 어떻게 계산해서 나오는지 이해가 안 된다."라며 설명을 요청하였다. 간담회를 주도하던 본부장이 난감한 표정을 지으며 대답하였다. "아, 사실 저도 서울대학교에서 십수 년을 일하고 있는데 제 월급이 어떤 식으로 지급되는 건지 모르고 있습니다." 유창한 유머에 다들 웃으며 더는 질문하지 않았지만, 내 월급을 내가 알 수 없다는 찜찜함은 가시지 않았을 것이다.

우리나라 공무원 급여체계는 호봉(pay step)에 따른 연공제(seniority system)로 본봉(base salary)에 수당(allowances)이 추가되는 방식이어서 기존의 미국식 표현을 대칭시키는 데에는 한계가 있다. 여기서는 「공무원 보수규정(Public Officials Remuneration Regulations)」의 번역을 기준으로 호봉과 수당 등 급여 관련 영문 용어를 이해하고, 보수지급명세서를 영문으로 번역해 본다.

보수지급명세서 Salary Statement

2018년 01월 January 2018

소속 Affiliation

성명 Name　　　　　　　　개인번호 Staff Number

직급 Title　　　　　　　　호봉 Salary Grade

실 수 령 액 Net Pay : 6,177,110

보수 Gross Pay	
보수계 Salary & Allowances	**8,752,750**
본봉 Base Salary	4,228,500
정근수당 Good Attendance Allowance	2,114,250
정근수당가산금 Added Allowance for Good Attendance	80,000
정액급식비 Fixed Meal Allowance	130,000
연구보조비 Research Allowance	2,200,000

공제 Deductions	
공제계 Deductions in Total	**2,575,640**
〈일반공제 계〉 General Deductions in Total	**2,103,640**
건강보험 Health Insurance (Contribution)	232,200
요양보험료 Long-term Care Insurance (Contribution)	17,130
사학연금부담금 Pension (Contribution)	632,610
소득세 Income Tax	1,110,640
지방소득세 Local Income Tax	111,060
〈기타공제 계〉 Other Deductions in Total	**472,000**
교수협의회 Faculty Council (Membership Fee)	10,000
여교수회 Women Faculty Council (Membership Fee)	10,000
교직원주택사용료 Faculty Apartment Rent	442,000

* 서울대학교에서 발급하는 영문 보수지급명세서를 수정한 것.

보수지급명세서

서울대학교는 외국인 구성원들이 보수를 스스로 확인할 수 있도록 명세서를 국영문으로 병기해서 발급하고 있다. 현재 발급하고 있는 명세서는 다음과 같이 수정할 수 있다.

Ⓐ

❶ **본봉**: salary → **Base Salary**
본봉은 전체 봉급이 아니라 수당 계산의 근거가 되는 급여이기 때문에 base salary가 적절한 번역이다.

❷ **정근수당**: full-attendance allowance → **Good Attendance Allowance**
'정근수당'은 영어로는 어색해질 수밖에 없는 표현이다. 법제처의 '공무원 보수규정' 번역에서 good attendance allowance로 사용하고 있어 준용하였다. 외국인에게는 seniority allowance라고 설명하면 쉽게 이해한다.

❸ **정근수당가산금**: additional charges of full attendance allowance → **Added Allowance for Good Attendance**
여기서 '가산금'은 '더 받는 돈'이라는 의미인데, '더 내어야 하는 돈(additional charge)'으로 잘못 번역하고 있다. 세금이 더 나오면 '가산금'이라고 하는데 사전만 보고 번역하면 이렇게 거꾸로 쓰게 된다.

❹ **정액급식비**: fixed expense for meal → **Fixed Meal Allowance**
「공무원수당 등에 관한 규정(Regulations on Allowances, etc. for Public Officials)」의 영문법령 번역에서 Fixed Meal Allowance로 번역하고 있다.

❺ **연구보조비**: research support expense → **Research Allowance**
직원이 보수로 받는 돈에 대해서는 비용(expense)이 아닌 수당(allowance)으로 써야 한다.

❻ **건강보험료**: health insurance → **Health Insurance Contribution**

❼ **요양보험료**: care insurance fee → **Long-term Insurance Contribution**

국민건강보험공단에서 지정하고 있는 용어대로 변경하는 것이 적절하다. 보험금에서 본인 부담금을 contribution이라고 한다.

❽ **사학연금부담금**: contribution payment → **Pension Contribution**
구체성 없이 '기여금(contribution)'이라고만 번역한 것이 잘못이다. 연금의 본인 부담금을 의미하기 때문에 pension contribution이라고 명시해 주어야 한다.

❾ **소득세**: income tax → **Income Tax**

❿ **지방소득세**: resident tax → **Local Income Tax**
국세청에서는 대부분 세금에 대한 영문 명칭을 정해 두고 있으며, resident tax는 '주민세'의 번역어이다.

⓫ **교수협의회**: professor's council fee → **Faculty Council Membership Fee**
교수협의회의 영문 명칭은 Faculty Council이고, 이 항목은 회원비에 해당한다.

⓬ **여교수회**: Women professor's council → **Women Faculty Council Membership Fee**

⓭ **교직원주택사용료**: housing repair allowance → **Staff Apartment Rent**
아파트 월세를 수리 비용으로 잘못 번역하고 있다. 교수 아파트는 Faculty Apartment, 직원 아파트는 Staff Apartment로 번역한다.

⓮ **실수령액**: Amount Collected Total → **Net Pay**

⓯ **보수**: Salary → Gross Pay
공제 전의 보수를 gross pay라고 하고, 공제 이후 실제로 받는 돈을 net pay라고 한다.

⓰ **보수계**: Salary Total → **Salary & Allowances**

⓱ **공제**: Deduction → **Deductions**
여러 가지 공제 사항이 있으면 복수형(Deductions)으로 쓰는 것이 맞다.

⓲ **공제계**: Deduction in Total → **Deductions in Total**
우리말에 '~계'로 번역되는 합계는 'total~'로 번역할 수도 있지만 '~in total'이 적절하다.

본봉과 수당

❶ 호봉과 본봉 salary grade / base salary

서울대학교 전임교원의 보수체계는 호봉제(seniority based pay system)를 중심으로 성과제(performance based pay system)를 가미하고 있다.

호봉체계를 정확히 설명하지 않으면 외국인에게 우리나라 대학의 임금체계를 이해시키기 어려울 것이다. 호봉은 여러 자료에서 조금씩 다르게 번역되고 있는데, 급여 산정의 기본이라는 의미로 pay step이라고 번역하기도 하고, 직급과 유사한 의미를 지닌다고 하여 salary grade 또는 salary class로 번역하기도 한다. 한국법제연구소의 「공무원 보수규정」에서는 salary grade로 번역하고 있다.

최초로 임용된 직원은 호봉획정(definition of salary grade)을 거쳐, 초임호봉(beginning salary grade)을 정하고, 특별한 경력이 없는 경우 1호봉(salary grade 1)에 처하며, 매년 정기승급(regular elevation of salary grade)이 있으며, 경력 재산정 등 수정이 있을 때는 호봉재획정(redefinition of salary grade)을 한다.

호봉에 따라 달라지는 본봉(base salary)은 수당 등 다른 급여를 계산하는 기반이 되기 때문에 'basic salary'보다는 'base salary'가 더 적절한 번역이다.

❷ 다양한 수당 allowances

「공무원 보수규정」에서는 수당을 "직무여건(working conditions) 및 생활여건(living conditions)에 따라 지급되는 부가 급여"라고 설명한다. 본봉(base salary)에 각종 수당(allowances)을 합치면 보수(remuneration)가 결정된다.

상여수당 bonus	• 정근수당	good-attendance allowance
	• 정근수당가산금	added allowance for good attendance
	• 성과상여금	performance-based bonus
가계보전수당 household allowance	• 가족수당	dependent allowance
	• 자녀학비보조수당	child education allowance
	• 육아휴직수당	parental leave allowance
특수근무수당 special service allowance	• 위험근무수당	dangerous service allowance
	• 특수업무수당	special service allowance
	• 업무대행수당	acting allowance
초과근무수당 overtime allowance	• 시간외근무수당	overtime allowance
	• 야근근무수당	night work allowance
	• 휴일근무수당	holiday work allowance
	• 관리업무수당	management duty allowance*
실비변상 reimbursement of actual expense	• 정액급식비	fixed meal allowance
	• 명절휴가비	major holiday bonus
	• 연가보상비	compensation for unused annual leave
	• 직급보조비	job level allowance
기타수당 others	• 겸임수당	allowance for concurrent office
	• 봉급조정수당	salary adjustment allowance
	• 명예퇴직수당	honorary retirement allowance
복지제도	• 맞춤형복지제도	customized welfare system

_ 출처: 한국법제연구원,「공무원수당 등에 관한 규정(Regulations on Allowances, etc. for Public Officials)」.

* 관리업무수당(management duty allowance)은 higher duties allowance 또는 senior management allowance가 더 보편적이라는 원어민 감수자들의 의견이 있었다.

서울대학교의 교직원 수당은 공무원 수당제도에 준하고 있는데 영어권에서는 없는 수당이 많아 앞의 표와 같이 한국법제연구원 번역을 기준으로 용어를 정리하였다.

공제와 연금

❶ 공제 deductions

공제는 "보수(remuneration)에서 일정 금액을 정기적으로 원천징수(withholding) 또는 특별징수(special levy)한 것"을 말하며, 총보수(gross salary)에서 공제(deductions)를 제하면 순보수(net salary)가 된다. 현재 대학 교직원의 월별 원천징수 내역은 보험과 연금의 자기부담금(individual contribution)으로 건강보험료(health insurance contribution), 요양보험료(long-term care insurance contribution), 연금부담금(pension contribution) 등이 있다. 세금은 소득세(income tax)와 지방소득세(local income tax)가 공제되며, 교수는 교수협의회 회비(Faculty Council membership fee), 직원은 노동조합비(Labor Union membership dues)가 공제된다. 이외에 정기주차비(parking fee), 주거시설사용료(campus residence rent) 등도 원천 공제되고 있다.

❷ 연금 pension

서울대학교 교직원은 공무원연금(Public Officials Pension) 대상자에서 법인화 이후 사립학교교직원연금(사학연금, Pension for Private School Teachers and Staff) 대상자로 변경되었다. 사립학교교직원연금은 각 교직원의 소득에서 공제되는 개인부담금(individual contribution), 학교가 납부하는 기관부담금(corporate contribution), 국가가 부담해 주는 국가부담금(state contribution)으로 구성된다.

사립학교교직원연금법에 대한 한국법제연구원 번역과 사학연금공단에서 제공하는 자료를 참고하여 연금 관련 용어들을 확인해 보자.

- 퇴직연금 retirement pension
  An employee with over 10 years of service is eligible to receive monthly pension from age 65 until death.
- 퇴직연금일시금 lump-sum pension payment
  An employee with over 10 years of service is eligible to receive lump-sum payment in lieu of monthly pension.
- 퇴직수당 retirement allowance
  An employee with over 1 year of service is eligible to receive retirement allowance.
- 유족급여 survivor pension
  Upon the death of an incumbent employee, his/her survivors are eligible to receive monthly pension.
- 장해급여 disability benefits
  An employee who is forced to retire because of a disability incurred through work-related disease or injury, or who becomes disabled due to the disease or injury after retirement, receives disability pension(장해연금) and disability compensation(장해급여).
- 유족보상금 survivor compensation
  If an employee dies in service because of a work-related disease or injury, or dies due to the disease or injury within 3 years of retirement, his/her survivors receive survivor compensation.

- 재해부조금 relief aid

  An employee receives relief aid in case of property damages to his/her houses due to destruction by fire, flood, or etc.

- 사망조위금 condolence aid

  An employee receives condolence aid in case of the death of his/her spouse and direct ascendants or direct ascendants of his/her spouse.

_ 출처: 사학연금 영문 홈페이지(http://www.tp.or.kr).
한국법제연구원, 대한민국영문법령, 「공무원연금법」.

학사 행정

01

학사일정

3월 학기제

우리나라는 초등학교부터 대학교까지 3월 1일에 해당 학년(academic year)을 시작하고 2월 말일에 종료하는 '3월 학기제'를 운영한다. 1개 학년은 2개의 정규 학기(semester)로 나누고, 대학의 경우 2개의 비정규 학기(session)를 갖기도 한다. 미국과 대부분의 유럽, 중국에서 9월에 학기를 시작하고, 싱가포르는 1월, 일본은 4월, 호주와 남미는 2~3월에 시작한다.

우리나라의 경우 일제강점기에는 일본과 동일한 4월 학기제를 시행하였고, 미군정기(1945~1948)에는 3년간 9월 학기제를 시행하다가 학사운영의 불편을 이유로 4월 학기제로 환원하였다. 1961년 교육개혁으로 세계 유일의 3월 학기제를 도입하여 오늘에 이르렀다.

남다른 학사일정이기 때문에 외국인에게는 다음과 같이 설명을 덧붙이는 것이 좋다.

- 서울대학교의 학년도는 3월 1일에 시작하여 다음 해 2월 말일에 종료합니다.
  Seoul National University's academic year begins on March 1 and ends on the last day of February of the following year.

- 한 학년도는 2개의 정규 학기와 2개의 비정규 학기로 운영합니다.
  Each academic year consists of two semesters and two short sessions: spring and fall semesters (or 1st and 2nd semesters) and summer and winter sessions.

- 정규 학기는 15주, 비정규 학기는 5~6주입니다.
  Each semester lasts 15 weeks, and each session lasts 5 to 6 weeks

- 1학기는 3월 1일에서 8월 31일까지, 2학기는 9월 1일에서 다음 해 2월 마지막 날까지입니다.
  The first semester runs from March 1 to August 31 of each academic year, and the second semester runs from September 1 to the last day of February of the following year.

학사일정표 만들기

학사일정을 번역할 때는 한글과 일치하게 정확히 번역해서 담당자가 바뀌어도 혼동하지 않도록 하는 것이 좋다. 한국인은 모두 알고 있는 휴일이나 개교기념일도 명기해 주면 외국인에게 도움이 된다. 다음은 1년 치 학사일정에서 중복되는 내용을 추려 낸 국영문 학사일정이다.

월	학사일정	Academic Calendar
1월	신정	New Year's Day (public holiday)
	복학원, 복적원, 재입학원 제출	Submit application for re-registration, re-enrollment, and re-admission
	동계 계절학기 수강신청 취소	Withdraw from Winter session courses
	전과 신청	Application period for department transfer
	제1학기 수강신청	Registration for Spring semester courses
	동계 계절학기 종강	Winter session ends
	제1학기 복수전공, 연합전공 신청	Application period for double major and interdisciplinary major
2월	동계 계절학기 성적제출 마감	Last day for faculty to submit Winter session grades
	설	*Seol* (public holidays)
	제1학기 대학원 신입생 등록	Tuition payment period for newly admitted graduate students
	학부 신입생 등록	Tuition payment period for newly admitted undergraduate students
	제1학기 부전공, 연계전공, 학생설계전공 신청	Application period for minor, interdisciplinary minor and student-designed major
	제1학기 재학생 등록	Tuition payment period for Spring semester
	전기 학위수여식	Winter Graduation Ceremony
	제2학기 종료	Fall semester ends
	동계 휴가 종료	Winter vacation ends

월	학사일정	Academic Calendar
3월	신학년도 시작	New academic year begins
	입학식	Matriculation ceremony
	개강	Spring semester classes begin
	제1학기 수강신청 변경	Course add and drop period
	하계 계절학기 수요조사	Survey for summer session course demand
	제2학기 개설교과목 신청	Application period for faculty to open Fall semester courses
	수업일수 1/4선	First quarter of Spring semester ends
	하계 계절학기 개설교과목 신청	Application period for faculty to open Summer session courses
4월	수업일수 2/4선	Second quarter of Spring semester ends
	제1학기 수강신청 취소 마감	Last day to withdraw from courses
	제1학기 자율학습일	Reading period (no class)
5월	하계 계절학기 수강신청	Registration for Summer session courses
	어린이날	Children's Day (public holiday)
	부처님 오신 날	Buddha's Birthday (public holiday)
	제2학기 장학생 선정 신청서 제출	Application period for Fall semester scholarships
6월	현충일	Memorial Day (public holiday)
	제1학기 종강	Spring semester classes end
	제1학기 보강기간	Make-up classes
	하계 휴가 시작	Summer break begins
	하계 계절학기 개강	Summer session classes begin

월	학사일정	Academic Calendar
7월	제1학기 성적제출 마감	Last day for faculty to submit Spring semester grades
	하계 계절학기 수강신청 취소 마감	Last day to withdraw from Summer session courses
	제2학기 수강신청	Registration for Fall semester courses
8월	하계 계절학기 종강	Summer session ends
	후기 학위수여식	Summer Graduation Ceremony
	제1학기 종료	Spring semester ends
10월	한글날	Hangeul Proclamation Day (national holiday)
	개교기념일	SNU Anniversary (no class)
	추석	*Chuseok* (public holidays)

영어 감수: 민은경 교수(서울대학교 영어영문학과), 2005.
구하원 교수(서울대학교 아시아언어문명학부), 2018.

02

입학과 수업

입학행정

입학행정에서는 외국인을 대상으로 한 영문 콘텐츠와 국내 입시를 위한 한국어 콘텐츠가 철저하게 구분된다. 외국인 또는 전 학년 해외 수학자가 대상인 '글로벌인재특별전형'은 모든 내용을 영어로 안내하고 있고, 국내 대학 입시에 대해서는 영문화가 이루어지지 않았다.

여기서는 서울대학교의 입학전형에 대한 영문 번역을 제시하고, 글로벌인재특별전형에서 사용하는 용어를 정리하였다.

▶ 서울대학교 학부 입학전형

수시모집 Early Decision Admissions	• 지역균형선발전형 Admissions for Regional Balance • 일반전형 General Admissions
	• 기회균형선발전형(저소득층 학생) Admissions for Equal Opportunity (Low income students) • 기회균형선발전형(농어촌 학생) Admissions for Equal Opportunity (Rural students)

정시모집 Regular Admissions	• 일반전형 General Admissions
	• 특수교육대상자 Special Admissions for the Disabled
글로벌인재 특별전형	• 글로벌인재특별전형 I, I International Admissions I, II

서울대학교의 다양한 입학전형은 헌법 제31조에서 보장하는 '능력에 따라 균등하게 교육받을 권리(All citizens shall have an equal right to education according to their abilities)'를 해석한 근거로 만들었다고 한다.

》입학행정 관련 용어

- 인터넷 지원서 접수 online application
  입학지원서 인터넷 접수는 기간 내에 모두 완료되어야 합니다.
  The online application must be completed during the designated period.
- 입학전형료 application fee
  입학전형료는 반환되지 않습니다.
  The application fee is not refundable.
- 모집정원 admissions quota
  글로벌인재특별전형 정원 외 선발로 모집정원이 없습니다.
  The quota for international admissions is not predetermined
- 입학연기 defer admission
  합격생의 입학연기는 불가합니다.
  Admitted students are not permitted to defer admission to a later semester.
- 합격취소 rescind admission
  기한 내에 등록금을 납부하지 않으면 합격이 취소됩니다.

Admitted students who fail to complete the registration process within the designated period will have their offer of admission rescinded.

- 제출서류 원본 original document

  제출서류는 반드시 원본으로 제출합니다.

  Original documents should be submitted.

- 사본 copy

  사본은 원본확인필 되어야 합니다.

  Copies must be authorized by the documents issuing institution.

- 공증받은 서류 notarized copy

  외국어 서류는 공증받은 한글 또는 영문 번역본을 첨부해야 합니다.

  Documents written in foreign languages other than English must be notarized and translated into English or Korean.

- 진학담당교사 추천서 counselor reference

  진학담당교사의 추천서는 밀봉 후 서명하여 제출해야 합니다.

  The counselor's reference should be sealed and signed in an official envelope by the recommenders.

- 학력조회동의서 Agreement on Verification of Academic Record

  글로벌인재특별전형 제출서류는 자기소개서(personal statement), 수학계획서(study plan), 추천서(letter of recommendation), 고등학교 성적증명서(official high school transcript), 학력조회동의서(Agreement for Verification of Academic Record) 등입니다.

- 합격자 발표 admission decisions

  합격자 발표일은 10월 중순 예정입니다.

  Admission decisions will be announced in mid October.

- 학력 인정 recognized academic background

  고등학교 졸업자 또는 그와 동등한 학력이 인정되는 자

  Those who have graduated from high school or been recognized as having an equivalent or higher academic background.

- 국민기초생활수급자 qualified recipient of the national basic living stipend
  국민기초생활수급자는 기회균형선발전형에 지원할 수 있습니다.
  Students whose parents are qualified recipients of the national basic living stipend are eligible to apply for Special Admissions for Equal Opportunity.

과정이수와 성적평가

'수업' 관련 부분은 서울대학교에서 영문화가 가장 많이 진행된 부분이다. 6천 개가 넘는 교과목에 대해 영어로 교과목 개요(course description)를 제공하고, 졸업에 필요한 요건도 세세한 부분까지 국영

▶ **학사과정 교과목 구분**

교과목	구분		
교양과목 General Education Courses	• 학문의 기초 • 학문의 세계	Academic Foundation Worlds of Knowledge	필수과목 required courses, 선택과목 elective courses
전공과목 Major Courses	• 주전공 • 복수전공 • 부전공 • 연합전공 • 연계전공 • 학생설계전공	main major double major minor interdisciplinary major interdisciplinary minor student-designed major	
기타	• 교직과목 • 일반선택과목	teaching certification courses general elective courses	

문을 병기한 『서울대학교 교과과정』을 매년 발간하고 있다.

수준 높은 영문 자료가 발간된 것은 영어영문학과가 다른 전공에서 작성한 교과목 개요를 일일이 교정해 준 덕분이라고 한다.

여기서는 이미 활용하고 있는 『서울대학교 교과과정』 내용 중 직원들이 학사공지에 자주 활용할 만한 표현들만 추렸다. (필자가 번역하지 않았기 때문에 상세한 설명은 생략한다.)

》과정이수 관련 표현

- 필요 학점 required credits
  학사과정 수료에 필요한 총학점은 130학점 이상이다.
  At least 130 credits are required to complete the undergraduate program.

- 수강지도교수 academic advisor
  수강신청 시 담당 수강지도교수의 상담을 거쳐야 한다.
  Students must consult with their academic advisor before enrolling in courses.

- 학과장의 승인을 받아
  with the approval of the chair of the department
  학사과정 3학년 이상 학생은 학부장 또는 학과장의 승인을 받아 석사과정의 과목을 이수할 수 있다.
  With the approval of the chair of the department, students in the third or higher year of the undergraduate program may take courses in the master's program.

- ~학점 이상 취득해야 한다 must earn at least ~ credits
  교직과정을 이수하는 자는 전공과목과는 별도로 교직과목 22학점 이상을 취득하여야 한다.

Students in the teaching certification program must earn at least 22 credits in teaching certification courses aside from major courses.

- ~학번 이후부터 적용 applied to students admitted in ~ and after

  2017년도 이후 입학생부터 필수이수 규정을 적용한다.

  The requirements are applied to students admitted in 2017 and thereafter.

- 전공학점으로 인정 count towards requirement of their major

  타 학과(부) 과목은 3학점까지 전공학점의 이수로 중복하여 인정할 수 있다.

  Up to 3 credits are allowed for students taking courses belonging to departments other than that of their own major or interdisciplinary major that count towards requirements of their main major and interdisciplinary major.

- 수강면제 exempted from taking course

  수리과학부 학생은 교양과목 최저이수학점을 만족할 시에 수리과학 교양 과목 이수를 면제받는다.

  Students in the Department of Mathematical Sciences are exempted from taking general education courses in mathematics, when they meet the minimum general education credit requirements.

- 대학원 교과과정 graduate curriculum

  대학원 교과과정에서는 석사 또는 박사 과정 교과목을 따로 구분하지 아니한다.

  The graduate curriculum does not distinguish master's and doctoral courses.

- 대체이수과목 alternative course

  과목을 폐지하는 경우 대체이수과목(alternative course)을 재이수할 수 있다.

  When particular courses are discontinued, students can retake the designated alternative courses in place of the discontinued courses.

• 선수과목 prerequisite course

선수과목으로 이수한 소속 학과(부)의 학사과정 교과목학점은 수료학점에 포함하지 아니하나 수료 사정 시의 평점 계산에는 포함한다.

Undergraduate course credits taken as prerequisites within students' own departments are not included in the number of credits, but calculated in the students' grade point average (GPA).

• 중급 이상 교과목 course at the intermediate level or above

인문대 학생은 졸업 시까지 제2외국어 9학점을 이수하고, 그 가운데 최소 1과목은 중급 이상의 교과목을 반드시 이수해야 함.

Students in the College of Humanities must earn 9 credits in second foreign language courses and must complete at least one course at the intermediate level or above.

• 타교 학점 인정 credit transfer

본교 석·박사과정 입학 이전에 타교 동일과정 동일·유사 전공의 석·박사과정에서 취득한 교과학점은 인정받을 수 있다.

Credits earned for master's or doctoral degrees from other graduate schools can be transferred if they are from a comparable degree and major program.

》 성적평가 관련 표현

• 각 교과목 성적은 시험성적(test scores), 과제평가(assignments), 출석상황(attendance), 평소의 학습태도(class participation) 등을 종합적으로 평가하여 결정한다.

Grades for courses are determined based on an overall evaluation on students' test scores, assignments, attendance, and class participation.

• 성적등급(grading scale)에 따른 성적 평점(grade point)

Grade point with their corresponding grading scale

- 급(Satisfactory), 낙(Unsatisfactory) 교과목은 평점 계산(GPA calculation)에서 제외된다.
  Courses graded as S (satisfactory) or U (unsatisfactory) are not included in the GPA calculation.

- 미완(Incomplete)이 부여된 교과목의 평점은 성적이 부여된 후에 평점 계산한다.
  For a course graded I (incomplete) due to insufficient data used to calculate a student's grade, the GPA must be calculated after a proper grade has been assigned.

- 교과목별 성적 D^- 이상(D^- or above)인 경우에는 학점취득이 인정된다.
  Credits will be acknowledged if the grade is higher than D^-.

- 교과목을 재이수할 경우 동일 교과목을 2회 이상 수강하여 성적을 취득하였을 때에는 나중에 취득한 성적을 인정하되 성적표에 재수강 교과목임을 표시한다(repeat status of the course will be indicated on the academic transcript).
  When students retake the same course several times, they will earn credit through the grade obtained from the latest course taken and the repeat status of the course will be indicated on the academic transcript.

_ 출처: 서울대학교 교무처 교무과, 『서울대학교 교과과정』, 2016.
* 수정: 구하원 교수(서울대학교 아시아언어문명학부)

교양과정 이수학점 General Education Requirements (예시)

교양 General Education		36학점 이상 36 or more credits required		
영역 Categories		필수과목 Required Courses	학점 Credits	비고 Comments
학문의 기초 Academic Foundation	사고와 표현 Critical Thinking and Writing	글쓰기의 기초 College Writing	3	
	외국어 Foreign Languages	2개 2 courses	4~6	입학 시 TEPS 800점 이하인 학생은 영어 1과목 필수 이수 Students with a TEPS score of 800 and below upon matriculation must take at least one English course
학문의 세계 Worlds of Knowledge	언어와 문학 Languages and Literature		12	자연과 기술 또는 생명과 환경에서 최소 3학점 이수하는 것을 포함하여 7개 영역 중 4개 영역 이상에서 최소 12학점 이수 Students must earn at least 12 credits in at least 4 our of 7 areas including at least 3 credits in either Nature and Technology or Life and Environment
	문화와 예술 Culture and Art			
	역사와 철학 History and Philosophy			
	정치와 경제 Politics and Economy			
	인간과 사회 Humans and Society			
	자연과 기술 Nature and Technology	3+ 3 or more courses		
	생명과 환경 Life and Environment			
전체 교양과목 All General Education courses			15~17	전체 교양과목 중 학생이 자유롭게 선택 Students may select any courses from the list of General Education courses

_ 출처: 서울대학교 교무처 교무과, 『서울대학교 교과과정』, 2016.

03

증명서

증명서의 종류

한국 대학의 학적 관련 행정은 일반적인 영어권 대학보다 더 체계적이다. 여러 증명서를 인터넷으로 발급할 수 있고, 1945년 이전 졸업생의 자료까지 전자화하여 발급하고 있다. 학위 위조를 막기 위해 증명서에 확인번호(verification number)를 게재하여 제출받은 사람이 서울대학교 홈페이지에서 확인할 수 있도록 하고 있다. 미국 대학의 경우 학적의 진위를 검토하는 국가기관으로 'National Student Clearinghouse'를 두고 일일이 확인하고 있는 것으로 파악된다.

서울대학교 학사과에서는 다음과 같은 증명서를 발급하고 있다.

• 학위수여증명서	▶ Degree Certificate
• 학위수여예정증명서	▶ Certificate of Expected Degree
• 졸업증명서	▶ Graduation Certificate
• 졸업예정증명서	▶ Certificate of Expected Graduation
• 수료증명서	▶ Certificate of Course Completion

- 수료예정증명서 ▶ Certificate of Expected Course Completion
- 성적증명서 ▶ Scholastic Record (또는 Transcript)
- 재학증명서 ▶ Attendance Certificate
- 재적증명서 ▶ Enrollment Certificate
- 연구생증명서 ▶ Certificate for Graduate Research Student
- 경력증명서 ▶ Certificate of Experience
- 법학과목학점취득증명서 ▶ Certificate of Credit Acquisition in Law

_ 출처: 서울대학교 교무처 학사과, 2017.

Q 다음은 서울대학교에서 외국인 졸업생에게 수여한 학위기(diploma)의 모습이다. 외국 명문 대학 학위기를 참고하여 다음 빈칸에 들어갈 말을 써 보자.

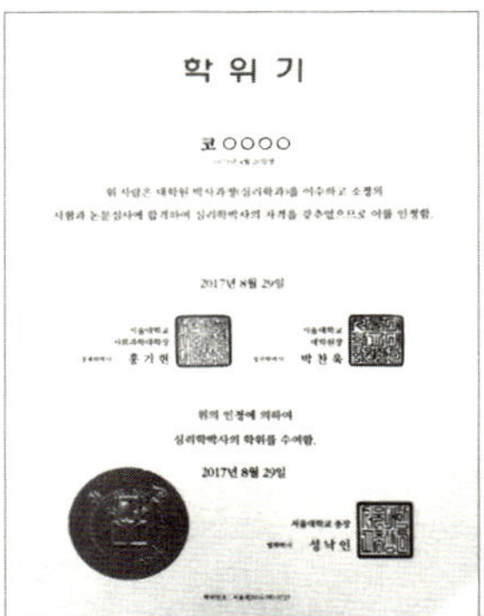

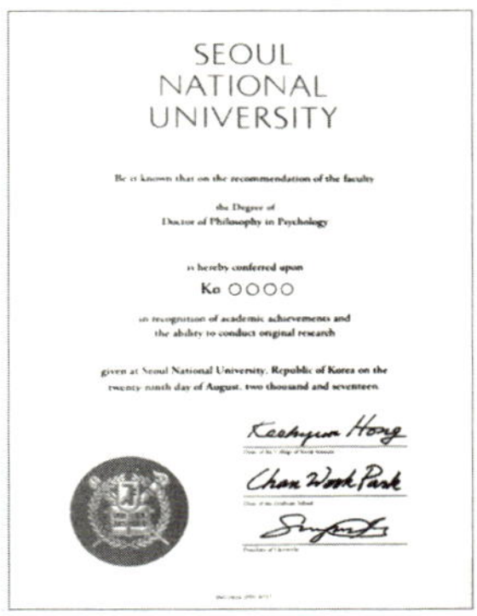

영문 학위기 내용

Be it known that on the (①) of the faculty, the Degree of (②) Psychology is hereby conferred upon (이름), in recognition of academic achievements and the ability to conduct (③) research, given at Seoul National University, Republic of Korea, on the twenty-ninth day of August, two thousand and seventeen.

(본 학생은 독자적인 연구를 수행할 능력이 있음을 증명하고 학문적 성취를 이룬 것이 인정되어 교수의 추천에 따라 2017년 8월 29일 심리학 박사학위를 수여합니다.)

A ① recommendation

영어권 대학에서 학위기에 공통적으로 사용하는 표현으로, 해당 학문 교수의 인정으로 총장과 학장이 학위기에 서명한다는 의미로 'on recommendation of faculty of ~'를 쓴다.

② Doctor of Philosophy in

박사학위명은 영문으로 'Doctor of Philosophy in (전공명)'으로 표기한다. (일부 예술계는 별도 명칭)

③ original

'독자적인 연구'는 original research의 번역 표현이다.

학위의 영문 명칭

서울대학교는 학위기에 기재되는 학위의 영문 명칭에 대해 「학위의 종류 및 학위명칭 표기원칙」을 지정해 두고 있다. 학위의 약어에 대해서는 규정이 없는데 영어권 대학의 사례를 통해 확인해 보자.

❶ 학사, 석사, 박사, 명예박사의 표기

학위명의 가장 일반적인 표기 방식은 다음과 같으며, 전공별 상세한 표기와 약자는 표로 정리하였다.

- 학사학위

  인문사회계열 Bachelor of Arts in (전공)

  이공계열 Bachelor of Science in (전공)

  의학계열 Doctor of Medicine / Dental Science (전공)

• 석사학위

인문사회계열 Master of Arts

이공계열, 의학계열 Master of Science

• 박사학위

Doctor of Philosophy in (전공)

• 전문대학원의 석·박사 학위

Master of (전공), Doctor of (전공)

• 명예박사학위

The Honorary Degree of Doctor of (전공)

❷ 전공별 영문 학위명

분야	학사학위(약자)	석사학위(약자)	박사학위(약자)
인문, 사회과학	Bachelor of Arts (B.A.)	Master of Arts (M.A.)	Doctor of Philosophy (Ph.D.)
자연과학, 공학, 간호학	Bachelor of Science (B.S.)	Master of Science (M.S.)	Doctor of Philosophy (Ph.D.)
미술	Bachelor of Fine Arts (B.F.A.)	Master of Fine Arts (M.F.A.)	Doctor of Fine Arts (D.F.A.) Doctor of Design (D.Des.)
음악	Bachelor of Music (B.M.)	Master of Music (M.Mus.)	Doctor of Musical Arts (D.M.A.)

분야	학사학위(약자)	석사학위(약자)	박사학위(약자)
법학	Bachelor of Law (B.L.)	일반대학원: Master of Laws 전문대학원: Juris Doctor (J.D.)	일반대학원: Doctor of Philosophy in Law 전문대학원: Doctor of Juridical Science
경영학	Bachelor of Business Administration (B.B.A.)	일반대학원: Master of Science in Business Administration 전문대학원: Master of Business Administration (M.B.A.)	Doctor of Philosophy (Ph.D.)
의학	Doctor of Medicine (M.D.)	일반대학원: Master of Science in Medicine 전문대학원: Doctor of Medicine (M.D.)	Doctor of Philosophy in Medical Science
치의학	Doctor of Dental Surgery (D.D.S.)	일반대학원: Master of Science in Dental Science 전문대학원: Doctor of Dental Surgery (D.D.S.)	Doctor of Philosophy in Dental Science
수의학	Doctor of Veterinary Medicine (D.V.M.)	Master of Science in Veterinary Medicine	Doctor of Philosophy in Veterinary Medicine
약학	Doctor of Pharmacy (Pharm. D.)	Master of Science in Pharmacy	Doctor of Philosophy in Pharmacy
보건 대학원		Master of Public Health (M.P.H.)	Doctor of Philosophy in Public Health

분야	학사학위(약자)	석사학위(약자)	박사학위(약자)
행정 대학원		Master of Public Administration, Master of Public Policy	Doctor of Philosophy in Public Administration, Doctor of Philosophy in Public Policy
환경 대학원		Master of City Planning, Master of Landscape Architecture	Doctor of Philosophy in City Planning, Doctor of Philosophy in Engineering
국제 대학원		Master of International Studies	Doctor of Philosophy in International Studies

_ 출처: 서울대학교 교무처 교무과, 「학위의 종류 및 학위명칭 표기원칙」, 2017.
* 학위의 약자는 위 지침과 무관하게 일반적으로 사용하는 표현이다.

※ 약자가 역순으로 보이는 이유는? 라틴어 학위명 표기

박사학위는 'Doctor of Philosophy'인데 왜 약자는 거꾸로 Ph.D.라고 쓸까? 학위명 약자 일부가 역순으로 보이는 이유는 일부 학위명에 대해 여전히 라틴어를 기준으로 약자를 표기하기 때문이다. 자주 사용하는 학위명을 영문과 라틴어로 정리하였다.

구분	영문 학위명	라틴어 학위명	약자
학사 학위	Bachelor of Arts	artium baccalaureus	B.A. / A.B.
	Bachelor of Science	scientiae baccalaureus	B.S. / S.B.
석사 학위	Master of Arts	artium magister	M.A. / A.M.
	Doctor of Medicine	medicinae doctor	M.D.

구분	영문 학위명	라틴어 학위명	약자
법학 학위	Doctor of Law	juris doctor	J.D.
	Doctor of Laws	legum doctor	LL.D.
	Doctor of Juridical Science	juridicae scientiae doctor	J.S.D.
박사 학위	Doctor of Philosophy	philosophiae doctor	Ph.D.

_ 출처: 하버드 대학 학위수여식 홈페이지(https://www.harvard.edu/on-campus/commencement/degree-abbreviations).

기획·홍보

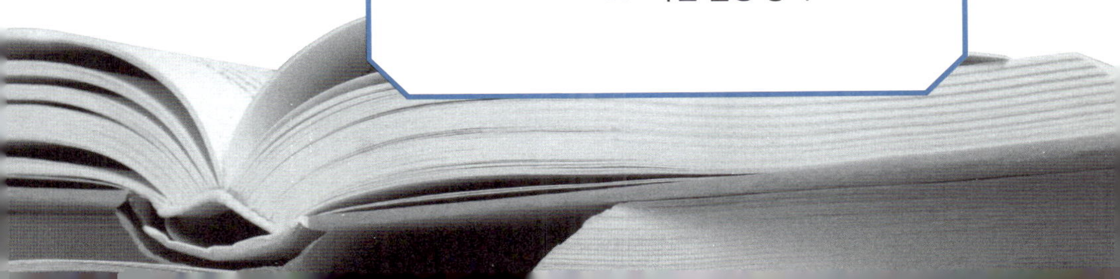

01

대학의 모토와 슬로건

평소 대학의 모토가 무엇인지 모르던 직원이라도 홍보물을 제작해 보면 그 필요성을 절감하게 된다. 웹사이트를 꾸밀 때, 공들여 만든 홍보 책자의 제목이 필요할 때, 행사 초대장을 만들 때 영문으로 된 대표 문구가 필요하다. 여기에는 서울대학교에서 활용하는 슬로건과 외국 대학의 사례를 참고로 실었다.

모토와 슬로건

❶ Motto vs Slogan

'모토(motto)'와 '슬로건(slogan)'은 비슷한 말이지만 홍보에서는 조금 다르게 쓴다. 모토는 조직에서 오랫동안 사용하는 전통적인 문구이고, 슬로건은 대학의 브랜드를 발전시키기 위해 특정 시기에 전략적으로 만들고 사용하는 문구이다. 대학의 슬로건은 대개 고교생이나 기부자 등 타깃을 정하고 만든다.

예를 들어 연세대학교는 "진리가 너희를 자유케 하리라(Truth will set you free)"는 성경 문구를 변하지 않는 모토로 하면서, 새 총장이 취임하면 관행처럼 슬로건을 만들어, 캠퍼스 전역을 새 슬로건으로 장식한다. 'Standing Proud'(2004~2007), 'Yonsei, the First and the Best'(2008~2012), 'Yonsei, Where We Make History'(2012~2016), 'Leading the Way to the Future'(2016~) 등의 슬로건이 시기별로 사용되었다.

❷ VERITAS LUX MEA

서울대학교의 경우 1940년대 미군정기에 엠블럼에 새겨 넣은 '진리는 나의 빛(Veritas Lux Mea)'을 모토로 한다. 책 모양 안에 대문자로 씌어 있는데, 라틴어는 대소문자의 구별이 없어 전체 대문자, 전체 소문자, 대소문자 혼용이 모두 허용된다.

서울대학교 모토가 하버드 대학 모토 'Veritas'를 모방했다고 알려져 있지만, 실제로 영어권의 전통 있는 대학에서 Vertias나 Lux를 포함하는 라틴어 문구를 많이 사용하고 있고, 그들끼리도 중복이 흔하다. 예일 대학의 'Lux et Veritas(빛과 진리)', 노스이스턴 대학의 'Lux, Veritas, Virtus(빛, 진리, 자유)', 피츠버그 대학의 'Vertias et Virtus(진리와 덕)' 등 50개 이상의 대학에서 유사하게 사용하고 있으며, 서울대학교와 완전히 동일한 모토는 없는 것으로 파악된다.

❸ 서울대학교의 다양한 슬로건

서울대학교는 공식 모토가 정체성을 반영하지 못한다는 반성과 함께 여러 가지 슬로건을 만들었다. 1990년대에는 '학문의 대학, 민족의 대학, 세계의 대학'이라는 대학운영목표를 'A University of

Scholarship, a University of the People, and a University of the World'으로 번역해 슬로건으로 사용한 기록이 있다. 2000년대 초반에는 '한국의 자랑'을 그대로 'Pride of Korea'로 번역해 쓰기도 하였다. 2000년 중반에는 한글로 '겨레의 대학에서 세계의 대학으로', 영문으로 'Soaring to the Sky'라는 슬로건을 대표 홈페이지에 걸어 두고 있었다. 이런 다양한 영문 슬로건들은 '된장 냄새가 난다'는 악평을 듣고 이내 사라졌다. 2006년 UI(University Identity) 정비 사업을 하면서 구성원의 투표로 'Intellectual Pioneer'라는 공식 슬로건을 선정하였지만 충분한 공감을 얻지는 못하였다. 현재는 중요한 3대 가치를 다음과 같이 번역해서 사용하고 있다.

- A Tradition of Excellence - 수월성
- Honoring Public Service - 공공성
- Pioneering Knowledge - 창의성

영어권 대학 슬로건 활용

미국에서 100대 인기 대학 모토를 조사한 결과, 인기를 얻은 모토는 각 대학의 핵심적인 정체성을 영어로 심플하게 표현한 문구였다. MIT의 'Mind and Hand(혼이 담긴 기술)', 서부에 대학을 개척한 스탠퍼드의 'The Wind of Freedom Blows(자유로운 바람이 분다)', 사관학교의 'Duty, Honor, Country(의무, 명예, 조국)' 등이 베스트로 꼽혔다.

국내에서 사용하는 언뜻 참신해 보이는 슬로건들은 기존 영어권 대학에서 오랫동안 쓰던 것을 바꾼 경우가 많다. 다음은 영어권 4년

제 대학 슬로건 중 호평을 받은 문구들이다. 홍보물을 만들 때 참고해 보자.

- Advancing Knowledge. Transforming Lives.
- Be the Change
- Connect Life and Learning
- Empowering the Mind. Enriching the Spirit.
- Investing in Knowledge
- Learners Becoming Leaders
- Live, Learn, Lead
- Reach Within. Shape the Future.
- Secure Your Future
- Splendor Without End
- Think, Grow, and Change
- Time for Change
- Together We Reach
- Your College. Your Future.
- Your Education, Your Life, Your School, Our Time Is Now
- Your Revolution Starts Here

02

대학운영목표

기획과 홍보를 담당하게 되면 비전과 미션을 명확히 서술하는 것이 필요하다. 지난 70년간 서울대학교가 자신의 설립 근거와 목표를 어떻게 기술해 왔는지 살펴보고 적절한 영어 표현을 익혀 보자.

장기발전계획(2007~2025)

서울대학교는 개교 이래 여러 버전의 '발전계획'을 세웠다. 1960~1970년대에는 캠퍼스 종합화를 이루기 위한 발전계획이 주를 이루었고, 1975년 종합화 이후에는 연구중심대학으로 성장하기 위한 구체적인 장기계획을 발표하였다.

현재까지 유효한 마지막 장기발전계획은 2007년 발표된 '서울대학교 장기발전계획(SNU Long-term Development Plan)'이다.

》 교육 이념

- 올바른 사고와 실천적 지혜를 갖추고 열린 마음으로 봉사하는 인재를 양성한다.
  SNU is committed to cultivating talented and open-minded students who possess practical wisdom and are willing to serve society.

- 지식기반사회화로 특징지어지는 21세기를 이끌어 갈 지식과 기술을 창조하여 학문과 예술의 창달에 기여한다.
  SNU is committed to creating advanced knowledge, technology, and sensibility for the twenty-first century. It aims at contributing to the development of scholarship and the arts.

- '겨레의 대학'으로 민족 문화를 계승 발전시키고, 나아가 '세계의 대학'으로서 인류 공존공영의 정신으로 세계문화를 선도한다.
  As a national university, SNU is committed to maintaining and furthering Korean culture. At the same time, as a global university, SNU is committed to leading the way in establishing a global society of peace and mutual respect.

》 학사과정 교육의 목적

- 사회의 요구와 변화에 대한 적응력을 갖춘 인재를 양성한다.
  Educate students who can adapt well to the demands and changes of society.

- 전공에 대한 깊은 지식을 갖춘 인재를 양성한다.
  Cultivate students with advanced knowledge in their fields of specialization.

- 국제적 경쟁력과 능동적인 자기 계발 능력을 갖춘 인재를 양성한다.
  Cultivate students who are globally competitive and capable of self-improvement.

》 대학원 교육의 목적

- 세계적 경쟁력을 갖춘 학문 후속세대를 양성한다.
  Build future generations of scholars who are globally competitive.
- 공공재적 성격을 갖는 창의적 지식을 창출한다.
  Create sharable public knowledge.
- 세계적 학문공동체를 선도해 갈 학자를 배출한다.
  Produce leading scholars of the global academic community.

》 서울대학교 2025 발전계획(2007)

- 2007~2010 교육을 세계최상급 수준으로 격상
  Upgrade the educational quality of the university to the highest global level
- 2010~2015 학제간 연구의 집중 지원으로 세계정상급 연구 수준 확보
  Ensure globally competitive research quality by concentrating on interdisciplinary research
- 2015~2025 세계 정상급 연구중심대학으로 도약
  Become a globally recognized research-oriented university

》 서울대학교 장기발전과제(Core Projects to Reach Vision 2025)

- 대학의 자율성 확보와 운영체제 혁신
  Secure self-regulation and reform the administrative system
- 미래사회 인재육성
  Cultivate core talent for the future
- 세계 최고 수준의 교수진 확보
  Hire globally competitive faculty
- 국제화 체제 강화
  Promote globalization

- 중점분야의 세계적 연구 수월성 확보
  Promote world-class research in core research areas
- 첨단 및 융합 분야 육성
  Support cutting-edge research and convergence studies
- 한국학 진흥 및 세계화
  Promote and globalize Korean Studies
- 글로벌 캠퍼스 조성
  Establish a Global Campus
- 장학·복지 제도개선
  Reform the university scholarship and welfare system
- 대학 재정의 획기적 확충
  Expand and strengthen university finances
- 교육·연구윤리 강화
  Enhance teaching and research ethics
- 사회 속의 대학 구현
  Build a university that communicates with society

_ 출처: 『Faculty Handbook』, 민은경 교수 등, 서울대학교, 2010.

※ 법에 제시된 서울대학교의 운영 목적

서울대학교는 1946년 설립 당시부터 법령 발포와 함께 시작한 국립대학이다. 법에서 명시한 운영 목적이 어떤 것인지 확인해 보자.

대한민국 정부가 공식 출범하기 2년 전 미군정(USAMGIK: United States Army Military Government in Korea)에서 발포한 「국립서울대학교설립에관한법령(Ordinance 102 – Establishment of Seoul National University)」은 "Betterment of the Korean people as individuals and as a nation in modern society(개인으로서의 조선인 자신 및 현대사회의 국민으로서의 조선인민의 향상을 위하야)"라고 정의하고 있다.

그 뒤로는 「교육기본법」에서 교육의 이념을 '홍익인간(ideal of human co-prosperity)'으로 정의하고 있어 서울대학교도 기본 이념을 홍익인간으로 제시하였다.

2011년 '국립대학법인'으로 법적 지위를 전환하면서, 다음 해 「국립대학법인 서울대학교 정관」을 통해 서울대학교의 설립 목적을 다시 정의하였다. 다음은 국립대학법인 서울대학교 설립준비위원회에서 발표한 정관과 번역(비공식)이다.

》 국립대학법인 서울대학교 정관

제1장 제2조 (목적) ① 서울대학교는 국립대학으로서 학문의 자유를 존중하며 다양한 학문분야에 대한 진리를 탐구하고, 교육과 연구를 통하여 새로운 지식을 창출하며 창의적이고 헌신적인 인재를 양성함으로써 국가의 발전에 기여하고 인류의 번영에 공헌함을 목적으로 한다.
The purpose of SNU is, as a national university, to respect academic freedom and pursue wisdom in various academic fields, to create new knowledge through education and research, and to contribute to national and international development as well as to the prosperity of humanity by nurturing creative and dedicated people.

② 서울대학교는 제1항의 목적을 달성하기 위하여 다음 각 호의 사업을 수행한다.

1. 탐구정신과 창의성을 함양하는 교육과 인재육성
   Promote education that develops an inquisitive spirit and creativity, and nurture talents

2. 학문의 발전과 문화예술의 창달을 위한 연구역량의 강화와 연구지원
Strengthen research capability and support research for promotion of culture and art as well as academic development
3. 국립대학의 사회적 책무의 이행과 사회봉사
Fulfill social responsibilities of a national university and serve the society

_ 출처: 국립대학법인 서울대학교 설립준비위원회 홈페이지, 2011b.

03

대학현황

대학을 소개할 때 가장 중요한 것은 숫자로 보여 주는 '현황' 자료이다. 처음 서울대학교를 방문하는 외국인들은 으레 학생과 교원은 몇 명인지, 대학의 역사는 얼마나 되었는지를 묻고, 대학 랭킹은 몇 위인지도 슬쩍 확인한다. 그래서 대개 홈페이지나 홍보 책자에 'SNU Facts at a Glance(서울대학교 현황 한눈에 보기)'와 같은 자료를 잘 보이는 곳에 배치해 두곤 한다.

국내에서도 대학평가가 활발해지고, 세계대학평가도 활성화되어 글로벌 기준에 맞게 현황을 표현하는 것이 더욱 중요해졌다. 여기서는 영어권 대학을 기준으로 표기하고 있는 서울대학교의 대학현황 관련 표현을 알아보자.

통계현황의 영문 표기

❶ 제목

대학현황을 한눈에 볼 수 있는 내용을 우리말로는 '통계현황'이라 표기하고, 영어로는 '현황'의 어감으로 Facts, 숫자 중심일 때 Statistics, 복합적일 때 Facts & Statistics 정도로 제목을 붙인다.

❷ 기준일 표기

현황에서 반드시 들어가야 할 것이 기준이 되는 날짜이다. 서울대학교는 전통적으로 개강 후 학생들의 학적 이동이 끝난 4월 1일을 기준으로 통계연보를 발행해 왔다. 영어권 대학은 새 학기가 시작되기 직전인 8월 31일 자 통계를 많이 쓴다. 기준 날짜 표기는 공통적으로 As of April 1, 2017과 같이 한다. 날짜를 생략하고 As of April 2017, As of 2017로 줄여 쓸 수 있다.

❸ 단수/복수 표기

한글 글쓰기에서는 복수의 존재가 있더라도 단수로 표현해서 의미가 전달되면 굳이 '~들' 같은 복수형을 사용하지 않는 것을 권장한다. 예를 들어 학생이 2,300명이라고 할 때 '학생: 2,300'이라고 하지 '학생들: 2,300'으로 표기하지 않는다.

영어에서는 대상이 여럿이면 반드시 복수형을 사용하는 것이 올바른 표기로 간주된다. 학생 수와 교원 수를 표시한다면 각각 students, faculty로 표기해야 한다.

한눈에 보는 서울대학교 현황 Facts at a Glance

기준일: 2017. 4. 1. / As of April 1, 2017

STUDENT ENROLLMENT

16,451 undergraduates
11,927 graduates
(재학생: 학부생 16,451 / 대학원생 11,927)

FACULTY

2,620 full-time faculty members
(전임교원 등: 2,620)

COLLEGES & SCHOOLS

16 Colleges, 1 Graduate School, 11 Professional Graduate Schools
(16개 대학, 1개 대학원, 11개 전문대학원)

CAMPUS

Main campus in Gwanak (226 buildings in 1,015 acres), Medical Campus in Yeongeon (22 acres), Convergence Studies in Suwon (29 acres), Green-bio campus in PyeongChang (21 acres)
(관악캠퍼스, 연건캠퍼스, 수원캠퍼스, 평창캠퍼스)

HISTORY

Established in 1946
Relocated to Gwanak in 1975
Incorporated as an independently-run national university in 2012
(1946년 설립, 1975년 종합화, 2012년 법인화)

정부의 대학현황 공시

2014년 「교육관련기관의 정보공개에 관한 특례법(Act on Special Cases Concerning the Disclosure of Information by Education-Related Institutions)」에 따르면 대학이 공개해야 하는 자료는 다음과 같다.

- 학교규칙 등 학교운영에 관한 규정
  Regulations on the operation of the school, such as school rules
- 교육과정 편성 및 운영 등에 관한 사항
  Matters concerning the composition and operation of curriculum
- 학생의 선발방법 및 일정에 관한 사항
  Matters concerning the method and time schedule for admissions
- 충원율, 재학생 수 등 학생현황에 관한 사항
  Matters concerning the current status of students, such as the enrollment ratio and the number of students enrolled
- 졸업 후 진학 및 취업현황 등 학생의 진로에 관한 사항
  Matters concerning paths taken by students after graduation, such as the current status of students going on to a higher school and those employed
- 전임교원 현황에 관한 사항
  Matters concerning the current status of full-time teaching staff
- 전임교원의 연구성과에 관한 사항
  Matters concerning the research achievements of full-time teaching staff
- 예·결산 내역 등 학교 및 법인의 회계에 관한 사항
  Matters concerning the accounting of the school and its foundation, including details of budget and settlement of accounts

- 등록금 및 학생 1인당 교육비의 산정근거에 관한 사항
  Matters concerning grounds for calculation of tuition fees and education expenses per student
- 학교의 발전계획 및 특성화 계획
  Plans for development and specialization of the school
- 교원의 연구·학생에 대한 교육 및 산학협력 현황
  The current status of research made by teaching staff, education for students, and cooperation between industries and academic circles
- 도서관 및 연구에 대한 지원 현황
  The current status of support for libraries and research

_ 출처: 한국법제연구원, 대한민국영문법령, 「교육기관에 대한 정보공개에 대한 특별법」, 2014.

04

대학역사

기관 소개 자료나 홈페이지를 제작할 때 반드시 들어가야 하는 내용이 역사 또는 간략한 연혁이다. 영문으로 역사와 연혁을 표기하는 방법을 알아보자.

시대별 역사 서술하기

수십 년의 역사를 쉽게 보여 주기 위해서는 전체적인 역사에서 전환점을 골라내어 시대별로 구분해 주면 친절한 설명이 된다.

서울대학교가 대학 전체 역사에서 중요한 전환점으로 제시하는 것은 1946년 개교(establishment), 1975년 캠퍼스 종합화(relocation), 2012년 법인화(incorporation)이다.

역사적 전환점은 기관에 따라 다를 수 있다. 연건에 남은 의과대학의 경우 1954~1961년 미네소타 프로젝트(Minnesota Project)나 1978년 병원 본관 건립을 1975년 캠퍼스 종합화보다 더 중요하게 본다. 농업생명과학대학의 경우 1906년 농상공학교의 개교와 2003년 관

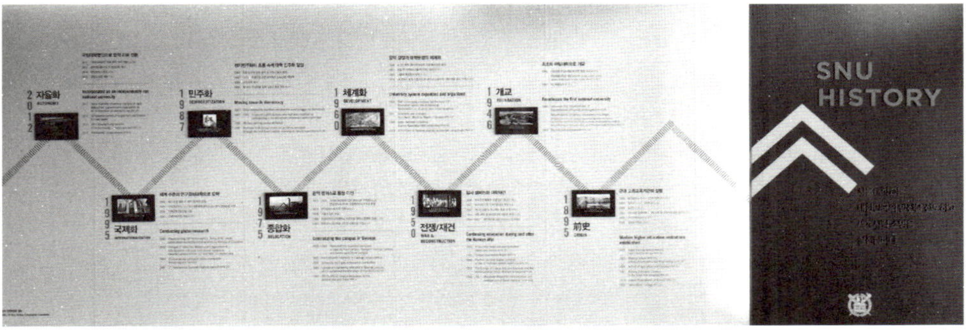

| 대학의 역사를 시대별로 구분하여 전시한 서울대학교 행정관 로비 공간

악캠퍼스로 이전을 역사적인 사건으로 잡고 있고, 법과대학의 경우 1895년 서울법대의 전신인 법관양성소(가칭 National Judicial Academy) 개소를 역사적 시점으로 한다.

서울대학교는 논란 끝에 70년 역사를 다음과 같이 구분하는 데 어느 정도 합의하였다.

구분	설명
개학 Origin 1895~1945	• 대한제국이 최초의 국립고등교육기관을 설립한 시기 Emperor Gojong established the modern higher education system to promote the nation's independence and modernization
개교 Foundation 1945~1950	• 정부가 국가를 이끌어 갈 인재를 양성하기 위해 최초의 국립대학으로 서울대학교를 설립한 시기 The government established Seoul National University to educate leaders of the newly independent nation

구분	설명
전쟁과 재건 War & Reconstruction 1950~1960	• 한국전쟁 발발 후 부산 임시캠퍼스에서 교육을 지속하던 시기 SNU moved its campus to Busan and continued classes during the Korean War
체계화 Development 1960~1975	• 대학운영이 체계화되고 팽창된 시기 The university system was expanded and organized
종합화 Relocation 1975~1980	• 9개의 캠퍼스를 3개의 캠퍼스로 통합 SNU merged its multiple campuses into three main locations: Gwanak, Yeongeon, and Suwon
민주화 Democratization 1980~1995	• 사회 민주화를 위해 대학 구성원들이 힘쓴 시기 The SNU community contributed to the democratization of the nation and educational system
국제화 Internationalization 1995~2011	• 국제적인 연구대학으로 발돋움한 시기 SNU became renowned internationally as a top research university
법인화 Autonomy 2011~present	• 법적 지위를 전환하여 정부로부터 자율성을 획득하고 경쟁력을 강화한 시기 Changing its legal status from a government organization to an independent institution, SNU enhanced its global competitiveness

_ 출처: 서울대학교 기획처 홍보팀, 『SNU Guidebook』, 2013.
정리 및 번역: 조문주
감수: Eli Park Sorensen 교수

영문 연혁 작성하기

한 쪽 정도의 간단한 연혁(chronology)을 준비하고 있다면, 다음과 같이 작성해 보자.

- 날짜를 먼저 쓰고 사건을 쓴다.
- 사건의 시제는 과거형으로 한다. (특별히 긴박한 테러 등의 timeline을 제시할 때 현재 시제를 쓴다.)
- 날짜와 사건을 구분할 때는 디자인적 요소를 사용하거나, 콜론(:) 또는 하이픈(-)을 사용하면 된다.

다음은 서울대학교의 주요 사건들을 연혁으로 정리해 본 것이다. 긴 버전의 연혁은 서울대학교 영문 홈페이지(http://en.snu.ac.kr/history/timeline)에서 확인할 수 있다.

- 1895. 5. 6. 최초의 근대고등교육기관 법관양성소 개소
  May 6, 1895 National Judicial Academy opened as the first modern higher education institution in Korea
- 1946. 8. 22. 국립서울대학교설립에관한법령 공포
  Aug. 22, 1946 Ordinance 102 Establishment of Seoul National University promulgated
- 1946. 10. 15. 국립서울대학교 개교(9개 단과대학과 1개 대학원)
  Oct. 15, 1946 Seoul National University opened with 9 Colleges and 1 Graduate School
- 1947. 7. 11. 제1회 서울대학교 졸업식
  July 11, 1947 First graduation ceremony of Seoul National University

- 1950. 6. 25. 한국전쟁 발발로 수업 중단
  June 25, 1950 The University closed due to the Korean War
- 1951. 5. 4. 부산에서 전시연합대학 발족
  May 4, 1951 War-time Union University organized in Busan
- 1954~1961 서울대학교 재건을 위한 미네소타 프로젝트 시행
  1954-1961 Minnesota Project implemented for reconstruction and development of Seoul National University
- 1960. 4. 19. 4·19혁명 참가 학생 6명 경찰 총격으로 희생
  April 19, 1960 SNU community members led the April 19th Revolution against the dictatorship, during which six students were killed by police.
- 1970. 3. 21. 새 캠퍼스 통합 이전 부지로 관악산 서북지역 1백만 평을 공식 선정
  Mar. 21, 1970 3.3km^2 land in Gwanak selected as the new campus site
- 1975~1980 각지에 분산되어 있던 캠퍼스를 관악캠퍼스와 연건캠퍼스(의학계), 수원캠퍼스(농학계)로 통합
  1975-1980 Relocated the dispersed campuses in Gwanak main campus, Yeongeon medical campus, and Suwon agricultural campus
- 1980. 9. 24. 졸업정원제 시행
  Sept. 24, 1980 Graduation Quota System implemented
- 1983. 4. 4. 백학과 느티나무를 교조와 교목으로 지정
  April 4, 1983 SNU's official insignia designated as the Zelkova tree and Crane
- 1991. 8. 14. 첫 교수 직선제를 통해 김종운 총장 취임
  Aug. 14, 1991 Professor KIM Chong-un elected as SNU's president through the first direct election involving all faculty members.

- 1996. 10. 15. 서울대학교 개교 50주년
  Oct. 15, 1996 Seoul National University's 50th Anniversary
- 2003. 4. 4. 지역균형선발전형 도입 결정
  Apr. 4, 2003 Undergraduate admission policy changed to ensure regional balance
- 2003. 9. 23. 농업생명과학대학 관악으로 이전
  Sept. 23, 2003 College of Agriculture and Life Sciences relocated from Suwon to Gwanak
- 2011. 12. 28. 국립대학법인 서울대학교로 법적 지위 전환
  Dec. 28, 2011 Seoul National University changed its legal status from a government organization to an incorporated national university
- 2014. 6. 12. 서울대학교 평창캠퍼스 설립
  June 12, 2014 SNU PyeongChang Green-bio Campus opened

_ 한글 출처: 서울대학교 60년사 편찬위원회, 『서울대학교 60년사』, 2006.

_ 영문 출처: 서울대학교 영문 홈페이지(http://en.snu.ac.kr/history/timeline), 2015.
정리 및 번역: 조문주
감수: Eli Park Sorensen 교수

05

사진 설명 넣기

영문 사진 설명 만들기

보도자료를 작성하거나 홍보기사를 낼 때 빠지지 않는 것이 관련 사진과 사진 설명이다. 사진 설명을 넣을 때 필요한 영어 표현을 알아보자.

❶ 날짜 표기

국문에서는 날짜를 먼저 제시하고 사진 설명이 따라오는 것이 보편적이고, 영문에서는 모든 설명이 끝난 마지막에 날짜가 나오는 것이 보편적이다.

》 월의 약자 표기

영어로 날짜를 표기할 때 흔하게 볼 수 있는 실수는 월의 약자 표기 부분이다. 표준어 약자는 다음과 같다.

Jan, Feb, Mar, Apr, **May**, **June**, **July**, Aug, **Sept**, Oct, Nov, Dec

중간에 네 글자로 요약되는 부분의 라임을 맞추기 위해서 6월 Jun.(×), 7월 Jul.(×), 9월 Sep.(×)으로 표기한 것을 온라인에서 가끔 볼 수 있는데 표준 영문법에는 어긋난다. 약자가 아닌 5월에 점을 표기한 May.(×) 같은 실수도 의외로 많으니 주의하자.

》'연, 월, 일'의 표기

영어로 날짜를 표기할 때 월과 일의 위치가 혼동되는 것은 실제로 영어권 국가에서 다르게 쓰기 때문이다. 미국식은 '월 – 일 – 쉼표 – 연도', 영국식은 '일 – 월 – 쉼표 없음 – 연도'라는 것만 확실히 기억하면 대체로 문제가 없다. 서울대학교의 공식 자료는 미국식으로 표기한다.

동숭동 캠퍼스에서 마지막 수업이 열린 1975년 1월 17일을 기준으로 날짜 표기를 확인해 보자.

	미국식	영국식
보편적인 표기	월-일, 연도 January 17, 1975	일-월-연도 17 January 1975
기수	January the seventeenth, 1975	the seventeenth of January, 1975
서수	월/일/연도 1/17/1975	일/월/연도 17/1/1975

'이 사진은 1975년 1월 17일에 촬영하였다'라는 문장은 날짜 표시에 따라 다음과 같이 쓸 수 있다.

- The picture was taken on January 17, 1975.
  (서울대학교에서 보편적으로 사용)

- The picture was taken on 17 January 1975. (영국식)
- The picture was taken on the seventeenth of January, 1975.
  (강조: 사진이 찍힌 것은 바로 1975년 1월 17일이었다.)
- The date of the picture is 17/1/1975 (숫자로 표기할 때)

❷ 동작의 시제

사진을 묘사하는 설명을 넣을 때 우리말을 직역하여 현재진행형으로 번역하는 경우가 많은데 불필요하며, 현재형을 쓰는 것이 자연스럽다.

- 총장이 학장과 악수를 하고 있다.
  President is shaking hands with the dean. (불필요한 현재진행형)
  President shakes hands with the dean. (현재형으로 충분히 설명)

사진이 어떤 사건을 포괄적으로 설명하는 경우에는 사건이 이미 일어났기 때문에 과거형이 적절하다. 다음 예시를 통해 확인해 보자.

》현재의 동작

2013. 5. 1.
학생들이 두산인문관 앞에서 즐겁게 달리기를 하고 있다. (현재진행중)

Students enjoy running in front of Doosan Humanities Hall, May 1, 2013. (현재형)

》완료된 상태

2016. 3. 23.
행정관 환경개선 공사가 끝났다.
(완료됨)

The administration building's lobby was refurbished, March 23, 2016.
(과거형)

❸ 인물 설명

인물이 한 사람이면 이름과 직책을 쓰면 되지만, 두 사람 이상의 단체 사진일 때는 누구부터 어떻게 설명하는지 규칙을 알아보자.

》두 사람일 때

나란히 서 있으면 'left/right'로, 앞뒤로 서 있으면 'in front/in the back'으로 표현해 준다.

이영표 선수(왼쪽)와 사회자

Korean footballer LEE Young-pyo (left) and a student moderator.

뒤에 있는 소녀는 몽골 학생이다.

The girl in the back is from Mongolia.

》단체 사진일 때

셋 이상의 단체 사진일 때 특별한 설명 없이 이름을 나열하면 왼쪽부터 순서대로인 것으로 받아들인다. 혼동을 없애려면 'from left'라고 명시해 준다.

왼쪽부터 제임스, 앤, 헨리, 제니

(From left) James, Ann, Henry, and Jenny.

》단체 사진에서 주요 인물만 콕 집어서 설명할 때

'(바닥에서부터) ~째 줄(row), (왼쪽에서부터) ~ 번째(first, second...)'로 표현해 준다.

1949. 7. 15.
제3회 서울대학교 졸업식. 맨 뒷줄 왼쪽에서 두 번째가 김영삼 전 대통령이다.

Former Korean President KIM Young-sam, top row, second from left (또는 second from left in the third row) at the 3rd commencement on July 15, 1949.

》대규모 단체 사진에서 전체 인물 설명을 넣을 때

단체 사진이 두 줄 이상일 경우에는 앞줄(front row), 뒷줄(back row), 가운뎃줄(middle row), 셋째 줄(third row)과 같이 각 줄을 표기하면서 설명한다. 첫 줄부터 한 줄씩 올라가면서 묘사하고, 줄 사이는 세미콜론으로 구분하며, 마지막에는 쉼표와 and를 써 준다.

첫째 줄은 남준, 윤기, 석진이고, 둘째 줄은 호석, 지민, 셋째 줄은 태형, 제일 뒤는 정국과 시혁이다.

Front row: RM, Suga, Jin; second row: J-Hope, Jimin; third row: V; back row: Jungkook, and Si-Hyuk.

❹ 저작권 표기

원칙적으로 모든 사진에는 촬영자 또는 제공자를 표기해야 한다. 촬영한 사람 이름과 기관명은 다음과 같이 표기할 수 있으며, 폰트를 다르게 해서 이름만 써도 알아볼 수 있다.

- Photo by Kim Chang-je(촬영자), Seoul National University(기관)
- Photo by Kim Chang-je(사람) for SNU PR Team(기관)
- (사진 설명), Kim Chang-je for SNU

서울대학교 신입직원 멘토링. 사진 제공: 서울대학교 홍보팀

SNU's mentoring program for new employees. Photo by Seoul National University PR Team

행사

01 연례행사

02 학술행사

03 행사준비

01

연례행사

정기행사

서울대학교를 중심으로 대학에서 매년 열리는 정기행사를 정리하면 다음과 같다.

》1월

- 시무식 New Year Opening Ceremony
- 신년 교례회 New Year Greetings Ceremony
- 신입생 오리엔테이션 Incoming Student Orientation

》2월

- 교수정년퇴임식 Retirement Ceremony for Faculty
- 신임교원 오리엔테이션 New Faculty Orientation
- 명예교수 임명장 수여식 Appointment Ceremony for Professors Emeriti *emeriti는 emeritus의 복수형
- 전기 학위수여식 Winter Graduation Ceremony

》3월

- 입학식 Matriculation Ceremony

》5월

• 예술주간	Art Space @ SNU
• 화요음악회	Tuesday Concerts

》8월

• 후기 학위수여식	Summer Graduation Ceremony

》10월

• ~회 개교기념식	The ~ Anniversary Celebration

》12월

• 졸업전시회	Graduation Show / Graduation Exhibition
• 종무식	Year-End Celebration

- 학위수여식의 경우 미국 대학에서는 'Commencement'라고 부르는 것이 더 일반적이지만 서울대학교의 경우 'Graduation Ceremony'로 번역하였다. 며칠간 대대적인 졸업주간 행사를 치르는 미국과는 달리 학위를 직접 수여하는 1시간 행사에 방점을 두기 때문이다. 전기, 후기의 표현은 first, second로 번역하면 오해가 있어 영어권에 익숙한 계절 표현으로 Winter, Summer로 번역하고 있다.
- 입학식의 경우 미국 대학에서는 조촐한 환영식(welcoming event) 정도만 하는 경우가 많다. 서울대학교에서는 한동안 'entrance ceremony'로 번역해 왔는데, 대학 입학이 아닌 '입사식' 등에도 사용될 수 있어 대학에 어울리도록 'matriculation ceremony'로 번역하고 있다.
- 개교기념식의 경우 '서울대학교 70주년 개교기념식'과 같이 표현하

려면 'SNU's 70th Anniversary', 'The 70th Anniversary of Seoul National University'와 같이 표기할 수 있다.

- 시무식(new year opening ceremony)과 신년교례회(new year greetings ceremony)는 영어 표현이 유사하여 의문을 갖게 되는데, 실제로 시무식에서는 강당에서 모여 총장님 말씀을 듣고, 교례회에서는 줄을 서서 인사(greeting)하는 전통이 있어 행사의 내용에 맞추어 번역하였다.

시상식

서울대학교의 주요 연례행사 중 하나가 각종 포상에 대한 시상식이다. 시상식을 위해 오래된 포상의 이름을 영문으로 바꾸는 것이 가장 까다로운 작업이다. 영어권 대학의 포상을 검토하여 유사하게 작명하였다.

》서울대학교 포상

- 자랑스러운 서울대인 ▶ Distinguished SNU Members Award
- 사회봉사상 ▶ Award for Service to Society
- 교육상 ▶ Award for Excellence in Teaching
- 학술연구상 ▶ Award for Excellence in Research
- 발전공로상 ▶ SNU Leadership Award
- 개교기념포상(직원) ▶ Long Service Award
- 공로상 ▶ Distinguished Service Award
- 올해의 교수상 ▶ Faculty of the Year Award

- ‘자랑스러운 서울대인(Distinguished SNU Members Award)’과 가장 유사한 상은 영어권 대학의 ‘동문상’으로 ‘Distinguished Yale Alumni’, ‘Distinguished Alumni of the Year’와 같은 명칭을 사용한다. ‘자랑스러운 서울대인’은 취지는 유사하나 대상을 동문으로 국한하지 않아 alumni 대신 member를 사용하였다. 다른 기관에서 ‘자랑스러운 서울공대인’과 같은 유사한 상이 있다면 ‘Distinguished Members of SNU Engineering’과 같이 응용할 수 있다.
- 우수함에 대한 포상의 명칭으로 영어권에서 사용하는 형용사는 distinguished, outstanding, excellent 등이 있다. 우수함을 정하는 기준이 불분명하거나 과거 업적을 포상하고자 하는 경우 distinguished를 사용하면 적절하다. 오랜 재직의 업적을 포상하는 ‘공로상’을 ‘Distinguished Service Award’로 번역한다.
- ‘교육상’, ‘학술연구상’은 포상의 대상을 서울대학교 전임교원으로 한정하고 교육과 연구를 우수하게 수행한 자를 포상하는 상이어서 excellence를 사용한다.
- ‘발전공로상’은 기부해 주신 분들에게 감사의 표시로 수여하는 포상이다. 의도를 노골적으로 드러내기보다는 기부자를 예우하는 목적으로 SNU Leadership Award로 정하였다.
- ‘개교기념포상’의 경우 전통적으로 근속연수가 10년 이상인 자에 대한 장기근로 포상이기 때문에 영어권 포상명 중에 Long Service Award를 가져왔다.

건물의 기공식

정기 행사에 준하게 대학에서 자주 열리는 행사는 건물의 신축과 관련된 행사이다.

❶ 기공식 ground-breaking ceremony

건물 공사의 시작을 알리기 위해 '시삽'을 하는 행사를 영어로도 'ground-breaking' 행사라고 번역한다. '관악 치과병원 기공식'이라면 'Groundbreaking Ceremony for SNU Dental Hospital in Gwanak' 정도로 번역한다.

❷ 준공식 topping out ceremony

건물의 완공을 알리는 준공식 플래카드에는 종종 'building construction completion ceremony'로 번역되어 있는데, 뜻은 전달되지만 영어권에서 잘 쓰지 않는 표현이다. 신축이 끝나고 나면 건물 위에 올라가 보는 축하 방식 때문에 영어권에서는 'top-off ceremony', 'topping off ceremony' 등으로 표현하는데, 우리나라에서와 같이 대규모 행사가 아니라는 점에서 어감에 차이가 있다.

❸ 개관식 opening ceremony

완공 후 건물이 사용 가능함을 알리는 행사로 '관정도서관 개관식'이라면 'Opening Ceremony for Kwanjeong Library'와 같이 표현할 수 있다.

02

학술행사

대학에서 열리는 학술행사는 심포지엄, 포럼, 콘퍼런스 등 다양한 이름을 지닌다. 학술행사를 지칭하는 영문 용어의 차이를 알아보자.

학술대회 Symposium vs Conference

▶ 학술대회의 구분

행사명	통상 규모	구성
Seminar	(소) 단시간	특정 연구 주제에 대한 소규모 발표
Symposium	(중) 장시간	복수의 session(오프닝, 발표, 토론 등)으로 구성
Conference	(대) 1~3일	큰 주제에 다양하게 접근하는 symposium이 여러 개
Congress	(최대) 3~7일	정해진 학문 분야에 대한 여러 conference를 며칠에 걸쳐 개최

❶ 세미나 Seminar

특정 주제에 대해 발표자가 프레젠테이션하는 내용이 행사의 중심이고, 규모가 작은 편이라면 seminar로 분류한다. 참석자들은 발표 내용에 대해 질문을 할 수 있으나 참석자보다 발표자가 중심인 행사이다. 대학원에서 하는 소규모 수업도 seminar라고 부른다.

예) 규장각한국학연구원에서는 셈 베르메르시 교수가 "고려시대 불교는 특별한 전통인가?"를 주제로 발표합니다.
Kyujanggak Institute for Korean Studies is holding a seminar with Professor Sem Vermeersch who will present his paper "*Koryŏ* Buddhism: a Distinct Tradition?"

❷ 심포지엄 Symposium

폭이 넓은 주제를 정해 두고, 세부 주제 발표와 토론의 session이 있는 행사이다.

예) 서울대학교와 홋카이도 대학은 5월 1일 "대학의 사회적 책무"를 주제로 공동 심포지엄을 개최하였다.
Seoul National University and Hokkaido University held a joint symposium on "Social Responsibility of Higher Education".

❸ 콘퍼런스 Conference

심포지엄이 2~3일에 걸쳐 진행된다면 conference로 이름을 바꾸는 것이 더 어울린다.

예) 제8회 적정기술 국제 학술대회는 이틀간 서울대학교에서 열립니다.
The 8th International Conference on Appropriate Technology will be held for two days at SNU.

❹ 대회 Congress

가장 큰 규모의 행사는 예외적으로 Congress라고 지칭한다. 2008년 나흘 동안 서울대학교 캠퍼스를 수백 명의 외부인으로 북적거리게 만든 철학자들의 올림픽 '세계철학자대회(World Philosophy Congress)'나 2017년의 '세계신경과학회(World Congress of Neurology)' 등의 초대형 행사에 사용한다.

> 예) 2008년 세계철학자대회에는 서울대학교 역사상 가장 많은 철학자가 캠퍼스를 찾았다.
> An unprecedented number of philosophers visited SNU during the World Philosophy Congress in 2008.

토론회 Forum vs Debate

행사명	구성	진행	주제
Forum	발표자와 패널이 토론이 중심이면서, 청중 참여 비중이 있는 행사	사회자(moderator)가 순서에 맞게 진행	결론이 명확하지 않은 열린 주제
Debate	토론자들의 참여가 행사의 중심	의장(chairperson)이 토론자들을 통제하면서 진행	찬반이 보다 명확한 주제

❶ 포럼 Forum

명확한 결론이 없는 주제에 대해 논의하면서 참석자들도 의견을 내는 시간이 주어지는 행사일 때는 forum이 된다. Forum을 진행하는 사람은 사회자(moderator)로 지칭한다.

예) 누구나 참석 가능한 대토론회 "서울대학교의 나아갈 길"이 열립니다.
An open forum entitled *The Future of Seoul National University* will be held.

❷ 토론회 Debate

Debate는 forum보다 논쟁적인 안건에 대해 토론자들이 적극적으로 발언하고, 이들을 통제하는 의장(chairperson)이 진행을 맡는다.

예) 기초교육원이 "올바른 삶을 살 이유가 있는가?"를 주제로 토론회를 개최하였다.
The Faculty of Liberal Education organized a debate entitled *Is There a Reason to Live a Righteous Life?*

03

행사준비

행사 공지하기

Q 다음 행사를 영문으로 공지해 보자.

HOME > 정보광장 > 게시판 > **교수공지**

작성자	김용희	소속	기획과
제목(한글)	김용 세계은행 총재 초청 강연		

기획처에서는 김용 세계은행 총재를 초청하여 강연을 열고자 하오니 많은 학생의 참석 바랍니다.

- 일시: 2013년 10월 22일(목), 오후 3:00~4:00
- 장소: 법대 100주년 기념관 강당
- 언어: 영어
- 참석대상자: 서울대학교 구성원 누구나
- 문의: 서울대학교 기획과(Tel. 02-880-5081)

A

HOME > 정보광장 > 게시판 > **교수공지**

작성자	Kim Yong-hee	소속	Division of Planning
제목(영문)	**Special Lecture by Jim Yong Kim, President of the World Bank**		

The SNU Office of Planning invites you to a special lecture by Jim Yong Kim, President of the World Bank.

- Date: Thursday, October 22, 2013
- Time: 3:00 – 4:00 pm
- Venue: Auditorium, Centennial Hall of the College of Law (Bldg. 84)
- Admission: All members of the SNU community
- Language: English
- Contact: Division of Planning (+82-2-880-5081)

서울대학교는 2017년부터 학내 포털 사이트에 행사를 공지할 때 영문 공지를 의무화하였다. 간단한 영문 행사 공지 양식을 익혀 두고 공지에 활용해 보자. 아래 예시로 사용된 내용은 교내 행사 시 실제로 필자가 담당자들의 영작을 수정한 내용이다.

❶ 행사 일시의 표기

행사를 공지할 때 일시는 '요일, 월, 일, 연도' 순서로 한 행에 표기하며, 시간은 다른 행에 표기하고 오전/오후를 am/pm을 쓰면 보편적인 영어 표기가 된다. 시간 사이의 간격을 표시할 때는 물결(~) 대신 하이픈(-)을 쓰는 것이 영어권의 보편적인 표기이다.

- 일시: 2017년 10월 27일(수) 오후 3~5시
- Wednesday, October 27, 2017. 3:00 - 5:00 pm. 요일, 월, 일, 시간의 표기 순서
- Wednesday, October 27, 2017. 3:00 - 5:00 pm. 한꺼번에 표기할 때

- 기간: 2017. 12. 30.~ 2018. 2. 9.
- December 30, 2017 - February 9, 2018 (○)
- Ongoing from December 30, 2017 through February 9, 2018 (○)

❷ 행사 장소의 표기

캠퍼스를 헤매던 외국인이 영문 안내장을 보여 주며 "여기가 도대체 어디에요?" 하고 묻는다면 십중팔구는 행사가 열리는 장소가 정확히 표기되지 않은 경우이다. 문화관 중강당에서 행사가 열리는데 'Venue: University Cultural Center'라고 적혀 있으면 건물명 자체는 정확하지만 유사한 이름들 사이에 혼란이 오고, 한국 학생에게 물어도 모른다는 답변을 듣게 된다. 건물이 200개가 넘는 서울대학교 캠퍼스에서는 건물 번호를 반드시 명기해야 외국인들이 찾을 수 있다. 건물 번호 표기는 'Building Number 73', 'Bldg. 73', 'bldg. #73', 'building 73' 등이 모두 맞다.

- 장소: 공대 시진핑홀(38동 건물 5층)
  Venue: Xi Jinping Hall (Bldg. 38, 5th Fl)

- 장소: 풍산마당 공연장(100동)
  Place: Poongsan Madang Outdoor Theater (Bldg. 100)

❸ 행사 정보의 표기

학내 행사 공지에 많이 쓰이는 표현을 몇 가지 확인해 보자.

- 초청연사: 문재인 대통령
  Invited Speaker: President Moon Jae-in

- 동시통역이 제공됩니다.
  Simultaneous interpretation will be provided.

- 이 행사는 누구나 참석 가능합니다.
  This event is open to the public. / Audience: general public

- 서울대학교 학생은 누구나 참석 가능합니다.
  This event is open to SNU students. / Audience: SNU students only

- 이 행사는 무료로 진행됩니다.
  This event is free of charge.

- 이 행사는 서울대학교와 시흥시가 공동으로 주최합니다.
  This event is organized by Seoul National University and Siheung City.

- 이 행사는 현대자동차와 삼성전자가 후원합니다.
  This event is sponsored by Hyundai Motors and Samsung Electronics.

초대장 쓰기

기본 틀을 익히고 나면 행사 공지는 누구나 쉽게 할 수 있다. 영문으로 초대장을 써야 할 때도 적당한 구성을 익히면 누구나 발송할 수 있다. 참고로 실제로 있었던 행사를 예로 들어 영문 초대장을 작성하였다.

초대장 관련 상용 문구

- ~행사에 모십니다.
  It is my/our (great) pleasure to invite you to ~
  I/We would like to cordially invite you to ~
  It is my honor to have you in ~

- 서울대학교 구성원 여러분께
  Dear SNU community members

  경영대학(원) 교수님들께
  Dear faculty members of SNU Business School

  서울대학교 외국인 구성원들께
  Dear international members of the SNU community

- 참석하신 분들께 소정의 기념품을 드립니다.
  A small souvenir will be given to everyone attending.

- 이메일로 참석 여부를 알려주세요.
  Please send your RSVP via email
  * RSVP: 불어로 '답변 주세요' Répondez s'il vous plaît (Respond, please)의 약어

- 연말을 맞아
  As this year comes to an end,

- 새해를 맞아
  As a new year begins,

우리 대학 외국인 구성원 여러분께,

한 해 동안 헌신해 주신 외국인 구성원분들께 진심으로 감사드리며 연말을 맞아 외국인 구성원분들과 가족분들을 초청해 연말파티를 갖고자 합니다. 다양한 음식과 공연, 소정의 선물이 준비되어 있으니 많은 참석 부탁드립니다. 참석 여부는 11월 16일까지 이메일로 알려주시기 바랍니다.

시간: 2018. 12. 31. 18:00부터
장소: 약학대학 강당

약학대학 학장 드림

Dear International Members of the SNU College of Pharmacy,

Greetings from the Dean's Office.
As this year comes to an end, I would like to express my gratitude and appreciation to all our international members and their families. I am truly grateful for your dedication and hard work.
It is my pleasure to invite you to a party for the international community, where all of the international members and their families are welcome to get together to enjoy food and have fun.
The party will be held from 6 pm. at the Hall of Pharmacy, on Friday, December 31, 2018. The party will include a buffet dinner, group games, and a musical performance. A small souvenir will be given to everyone attending. Please send your RSVP via email by Wednesday, November 16, 2018. I hope you can all attend and celebrate each other and the beginning of a new year. I'm looking forward to meeting you.

Sincerely,
Dean of the College of Pharmacy

식순 만들기

2018년 2월 서울대학교 학위수여식에서 외국 국적의 졸업생은 학사 23명, 석사 123명, 박사 56명을 합쳐 총 202명이었지만 학위수여식 식순은 한글로만 배부되었다. 학내 행사의 식순을 영어로 병기할 때 필요한 표현을 알아보자.

❶ 식순의 용어

• 식순	order of exercises
• 입장/퇴장	processional/recessional
• 국민의례	salute to the nation
국기에 대한 경례	pledge to the flag
애국가 제창	national anthem
교가 제창	Alma Mater (또는 school anthem)
호국영령에 대한 묵념	tribute to the deceased patriots and war veterans
• 개회사/폐회사	opening remarks/closing remarks
• 환영사/축사	welcome speech/congratulatory speech

❷ 식순에서 speech, remarks, address의 차이

식순에서 개회사, 축사 등 '~사(辭)'가 경우에 따라 speech, remarks, address로 다르게 표현되는 것을 알아보자.

• **Speech**: 가장 일반적으로 대중적 말하기에 쓸 수 있는 표현
예) Valedictory speech (졸업생 대표 연설)

- **Address**: 원고가 있는 연설
  예) President's inaugural address (총장 취임사)

- **Remarks**: 많은 사람 앞이지만 인사말처럼 간단히 말할 때. 우리말에 '한 말씀 하신다' 에 가장 어울리는 표현
  예) The vice president delivered welcoming remarks before the conference began. (콘퍼런스가 시작되기 전 부총장이 간단한 환영사를 전하였다.)

콘퍼런스가 시작되기 전 총장이 긴 연설을 하는 것이라면 opening 'speech', 기조연설 전에 짧은 환영인사를 하는 것이라면 opening 'remarks'라고 번역하면 적절하다. 형식을 갖춘 연설에서는 remarks를 쓸 수 없다.

- 기조연설
  keynote speech (○) / keynote address (○) / keynote remarks (×)

- 취임사
  inaugural address (○) / inaugural speech (○) / inaugural remarks (×)

○ 서울대학교 학위수여식 식순 예시

식순 Order of Exercises

학사행렬 입장 Academic Processional

개식선언 ········· 교무처장
Opening ········· Dean of Academic Affairs

국민의례 ········· 일동
Salute to the Nation ········· All participants
애국가 National Anthem / 국기에 대한 경례 Pledge to the flag /
호국영령에 대한 묵념 Tribute to the deceased patriots and war veterans

학사보고 ········· 교무처장
Provost's Report ········· Dean of Academic Affairs

식사 ········· 총장
President's Address ········· President

축사 I ········· 총동창회장
Congratulatory Remarks ········· President, SNU Alumni Association

졸업생 대표인사 ········· 졸업생 대표
Valedictory Speech ········· Valedictorian

축사 II ········· 송호근 교수
Commencement Address ········· Professor SONG Ho Keun

축가 ········· 남성중창단
Congratulatory Recital ········· SNU Choir

학위수여 ········· 총장
Conferral of Degrees ········· President
박사학위 Doctoral Degrees / 석사학위 Master's Degrees /
학사학위 Bachelor's Degrees

상장수여 ········· 총장
Conferral of Awards ········· President

교가제창 ········· 일동
Alma Mater ········· All participants

폐식선언 ········· 교무처장
Closing ········· Dean of Academic Affairs

퇴장 Recessional

시설

01

표지판

영문 표지판이 필요한 이유

대학에서 외국인 유동 인구가 가장 많은 구역인 기숙사의 벤치에 페인트를 칠하였다. 외국인 학생들이 걱정되어 벤치에 'No sit'이라고 콩글리시로 표시한 직원과 '앉지 마시오'를 영어로 어떻게 정확히 쓰는지 고민하느라 못 쓴 직원이 있다면 누가 더 일을 잘한 것일까?

무조건 없는 것보다는 있는 게 나은 게 시설 관련 영어 표지판이다. 한국어가 그림으로 보이는 사람들과 캠퍼스를 지나가다 보면 콩글리시 표지판도 하나 없는 것이 얼마나 위험한지 실감할 수 있다. 여기서는 교내 여러 곳에 붙어 있는 표지판들을 어떻게 영어로 표기하는지 알아보자.

공사 안내 표지판

한글을 모르면 공사장 옆을 지나가면서도 무슨 공사를 하는지 알 수 없다. 공사장 가림막(construction fence)에 공사 정보 안내판(project information panel)을 국영문으로 상세하게 만들어 준다면 더없이 친절한 행정이 될 것이다.

뉴욕 시에서는 2013년부터 공사장 가림막 안내판 게재를 의무화하고, 필수 게시 내용을 표준화해 두었다.

○ 뉴욕 시 공사장 가림막 게재 내용

Construction Fence Signage Requirements

Work in Progress	공사의 종류를 신축(construction), 증축(extension), 개축(alteration), 리모델링(remodeling)으로 나누어 명시
Project Title	공사명
Elevation Drawing	완공된 건물 이미지
Anticipated Completion	완공 예정 날짜
Affiliation (또는) Owner	공사 발주 기관
Contractor	시공사
Designer	설계사(설계사와 시공사가 다른 경우)
Contact	공사 담당자 연락처

_ 출처: City of New York, "Title 1: Rules of the City of New York - §3301-01 Construction site signs".

뉴욕 시 규정을 적용하여 서울대학교 글로벌 학생생활관 신축공사장 가림막 안내판을 영문으로 표기하면 다음과 같다.

서울대학교 글로벌 학생생활관 신축공사

(Seoul National University Global Student Residence Hall Construction)

건축면적	3,531.83m^2
연면적	18,657.02m^2
층수	지하 2층, 지상 9층
구조	철근콘크리트조 및 철골조
사업기간	2013~2018년
주요용도	글로벌 학생생활관
설계사	(주)다울건축사사무소
감리사	에이티에스(ATS)건축사사무소
시공사	(주)드림기업

제목	서울대학교 글로벌 학생생활관 신축공사	Work in Progress	Construction of Global Residence Hall
건축면적	3,531.83m^2	Building Area	3,531.83 square meters
연면적	18,657.02m^2	Floor Area	18,657.02 square meters
구조	철근콘크리트 및 철골조	Construction Structure	Steel-framed reinforced concrete
층수	지하 2층, 지상 9층	Building Structure	9 stories above ground, 2 stories below ground
사업기간	2013년~2018년	Duration of Project	2013-2018
설계사	(주)다울건축사무소	Designer	DAUL Architects & Planners Ltd
감리사	에이티에스(ATS) 건축사무소	Supervisor	ATS Architects
시공사	(주)드림기업	Contractor	Dreams Ltd.

캠퍼스 생활 표지판

❶ 주차

- 장애인 전용 주차 공간 Disabled parking only
- 경차 주차 공간 Compact car parking only
- 교수 전용 주차 공간 Faculty parking only
- 교직원 전용 주차 공간 Faculty and staff parking only
- 학생 주차 금지 No student parking
- 위반 시 벌금 10만 원 ₩100,000 fine for violation

장애인 전용 주차 공간 표지판

❷ 화장실

외국인 대상 한국 여행 가이드를 보면 심심찮게 나오는 이야기가 화장실 수압 관련 주의 사항이다. 한국 화장실은 수압이 낮으니 변기에 휴지를 버리지 말고, 버튼을 오래 눌러야 한다는 내용이다. 변기 수압은 변하지 않았지만 2018년부터 휴지를 변기에 버리도록 규정이 변경되었다. 모르고 오는 외국인 학생들을 위해서라도 다음과 같이 영문 안내를 병기해 두도록 하자.

- 휴지는 변기에 버리고 생리대는 생리대수거함에 넣으세요.
  Flush toilet paper and deposit feminine hygiene products in the container provided.
- 변기에 생리대를 버리지 마시오.
  Do not flush feminine hygiene products.
- 휴지만 변기에 버리세요.
  Flush toilet paper only.
- 3초간 누르세요.
  Push toilet valve (또는 button) for more than three seconds.
- 소변은 '소', 대변은 '대' 누르세요. (이중처리변기 dual flush toilet)
  Half flush / Full flush
- 핸드타월을 한 장씩만 사용해 주세요.
  Please use one sheet only.
- 화장실을 깨끗하게 사용해 주세요.
  Please help keep this restroom clean.

❸ 금연

- 금연. 위반 시 과태료 10만 원
  No smoking
  ₩100,000 fine for violation
- 금연건물
  No smoking in this building
- 흡연구역
  Designated smoking area

02

입찰

영어가 더 쉬운 입찰 용어

국립대학 직원이라면 규정대로 공개 입찰을 진행하기 위해 조달청 G2B(Government to Business) 사이트를 열었다가 유독 난해한 입찰 용어에 당황한 경험이 한 번쯤 있을 것이다.

한국법제연구원에서 번역한 「국가를 당사자로 하는 계약에 관한 법률(Act on Contracts to Which the State Is a Party)」은 영문 번역을 통해 오히려 쉽게 이해할 수 있다. 예를 들어 '개산계약'이라는 생소한 용어는, 영문으로 'contract based on rough estimate'라는 단순한 뜻을 지니고 있다는 것을 알 수 있다.

》입찰 및 계약 관련 용어

- 단가계약 ▶ unit price contract
- 수의계약 ▶ negotiated contract
- 협상에 의한 계약 ▶ contract made through negotiation
- 개산계약 ▶ contract based on rough estimate
- 정부조달계약 ▶ government procurement contract

• 추정가격	▶ estimated price
• 예정가격	▶ budget price
• 감정가격	▶ appraised price
• 유사견적	▶ price of actual transactions of similar goods
• 원가계산서	▶ cost accounting bill
재료비	▶ material cost
노무비	▶ labor cost
경비	▶ expense
일반관리비	▶ overhead expense
이윤	▶ profits
• 고시금액	▶ publicly notified amount
• 공사이행보증서	▶ performance bond for a construction project
• 입찰참가자격	▶ qualification to participate in tendering
• 경쟁입찰	▶ competitive tendering
• 제한경쟁입찰	▶ limited competitive tendering
• 지명경쟁입찰	▶ selective competitive tendering
• 국제입찰	▶ international tendering
• 중소기업제품	▶ small and medium enterprise-manufactured products
• 청렴계약동의서	▶ integrity agreement
• 입찰가격의 사전협의 금지	▶ prohibition of prior agreement on a tendering price
• 계약서	▶ written contract
계약금액	▶ contract amount
이행기간	▶ period of performance
계약보증금	▶ contract bond
• 계약관	▶ contracting officer
• 입찰보증금	▶ tender bond
• 하자보수보증금	▶ warranty bond
• 지체상금	▶ penalty for delay
• 과징금	▶ penalty surcharge
• 하자검수	▶ inspection of defects
• 검수조서	▶ record of inspection

_ 출처: 한국법제연구원, 대한민국영문법령, 「국가를 당사자로 하는 계약에 관한 법률」.

번역 실무

01 홍보영상 스크립트

02 기고문

03 기념문

04 교정보기

01

홍보영상 스크립트

대학의 핵심을 담은 콘텐츠

여기서부터는 행정 문서가 아닌 서술문을 유려하게 번역하는 실무를 정리하였다. 홍보팀에서 일하면서 보도자료, 홍보기사, 홍보영상 스크립트, 총장 기고문 등을 번역했는데, 대학행정 업무에 활용할 만한 표현이 많은 번역을 골라 국영문으로 정리하였다.

홍보영상은 10분 안에 그 대학의 핵심을 매력적으로 보여 줄 수 있도록 치밀하게 설계한 콘텐츠이다. 홍보영상 스크립트를 알아두면 외국인에게 학교를 소개할 때 바로 활용할 수 있다.

최근의 서울대 홍보영상 스크립트를 다음 쪽에서 국영문으로 정리하였다. 영어로 먼저 쓴 것이 아니라 한글을 번역한 것이라 유려한 문장을 구사하는 데는 한계가 있지만, 여러 사람이 관여하여 세심하게 수정한 문장이다.

서울대학교 영문 홍보영상 스크립트

인트로

다양한 잠재력을 가진 인재들이 모여 창조적이고 가치 있는 지식을 생산하는 곳, 서울대학교는 세계를 선도하는 창의적 지식 공동체입니다.

The place where academic potential gives birth to creative and innovative knowledge, Seoul National University, the *World's Leading Creative Knowledge Community*.

역사

대한제국의 근대교육정신을 이어받아 1946년 최초의 국립대학교로 개교한 서울대학교는 인재양성과 지식창출을 통해 대한민국의 근대화, 민주화, 경제적 번영의 기반을 구축하였습니다.

Inheriting Korea's academic heritage and established as the first national university in 1946, SNU has played a central role in the modernization, democratization, and economic development of the nation.

이제 아시아의 중심대학으로 성장한 서울대학교는 2012년 정부직속의 국가기관에서 자율성을 갖춘 국립대학법인으로 전환하여 세계를 선도하는 대학으로 도약할 기반을 마련하였습니다.

Through its transition from a government institution to an independently-run national university in 2012, SNU is now preparing the grounds to spread its wings from an academic powerhouse in Asia to a world-leading university in both research and teaching.

교육

서울대학교가 교육한 인재들은 우리나라의 학문체계를 구축하였음은 물론이고, 사회 각 분야에서 개척자의 역할을 해 왔습니다.

Graduates of SNU have not only pioneered the establishment of the nation's academic standards but have become leaders in every facet of society.

이제 새 시대가 요구하는 창의적 글로벌 리더를 육성하기 위해 교수들의 헌신적인 노력과 더불어 세계적인 석학들을 초빙하여 학생들에게 보다 가치 있는 배움의 기회를 제공하고 있습니다.

Responding to the challenge of educating future global leaders, SNU professors are fully committed to providing more learning opportunities than ever along with distinguished fellow scholars from around the world.

서울대학교는 외국인 교원을 적극 충원하고 우수한 외국인 학생을 지속적으로 유치하여 다양한 국적과 인종이 함께 미래를 열어 가는 열린 지식 공동체로 변화하고 있습니다.

Through active recruitment of international scholars and excellent international students, SNU is transforming into an open knowledge community where people from around the world create a brighter future.

서울대학교의 차별화된 글로벌 교육 프로그램인 SNU in Beijing은 학생들이 방학 기간 중국 현지에서 각 분야 지식인들의 수준 높은 강의를 들으며 중국 전문가로 거듭나는 과정입니다. 도쿄와 워싱턴, 케냐에서도 서울대학교의 글로벌 교육이 이루어지고 있습니다.

'SNU in Beijing', SNU's unique global education program provides students the chance to become experts on China by learning from renowned scholars in Chinese studies while immersing themselves in Chinese culture over the summer. SNU's global education programs continue to expand its students' horizons with additional programs in Tokyo, Washington DC, and Moscow.

관악산에 위치한 서울대학교 캠퍼스에는 아름다운 자연과 첨단 교육·연구 시설이 어우러져 있습니다.

Located at the foot of Gwanak Mountain, SNU campus brings together luscious nature and state-of-the-art academic facilities.

국내 최대 규모의 대학도서관인 서울대학교 도서관은 관정 이종환 선생의 자발적인 기부에 힘입어 미래형 도서관으로 증축될 예정입니다.

SNU's central library boasts the largest collection of books in Korea and plans are underway to renovate the building to further update and expand its facilities.

연구

서울대학교 교수진들은 독창적인 연구로 세계를 선도하고 있습니다. 이제 서울대학교는 아시아 최고 대학으로 우뚝 섰을 뿐 아니라 세계적인 대학들과 어깨를 나란히 하고 있습니다.

SNU professors are leading way to the future with original and ground-breaking research. SNU now proudly stands tall not only as one of Asia's top universities, but as one of the best in the world.

이러한 성과를 일구어 낼 수 있었던 것은 눈앞의 결과에 연연하지 않고 먼 미래를 바라보며 학문 후속세대를 육성해 왔기 때문입니다. 특히 기초학문분야의 인재들이 책임감과 자부심을 가지고 학문에 정진할 수 있도록 체계적으로 지원하고 있습니다.

SNU's achievements are the result of looking towards the future while planning for its education to foster future generations. In particular, SNU puts great emphasis on providing systematic support to students of the humanities and pure sciences to build a strong foundation of academic excellence.

서울대학교는 첨단의 지식을 탐구할 뿐 아니라 민족정신의 뿌리를 찾고 한국 문화의 창달을 이루기 위한 노력을 계속하고 있습니다.

Such efforts include the commitment to contribute to defining Korea's national identity and spirit and promoting Korea's traditional culture.

서울대학교는 조선시대 국가 도서관인 규장각을 물려받아 『조선왕조실록』 등 고문헌에 대한 심도 있는 학문적 연구를 통해 우리의 전통문화를 세계의 유산으로 만들어 가고 있습니다.

SNU is home to Kyujanggak, the former National Library of the Joseon Dynasty, and as guardian of its monumental archive, SNU is continuing its efforts to uncover more of Korea's historical heritage to the world.

봉사

공대 학생들은 전기가 없는 네팔의 고산 지역에 태양광 에너지 시스템을 설치해 전기에너지를 선물해 주었습니다. 서울대학교의 전공 수만큼 다양한 봉사활동이 효율적으로 이루어질 수 있도록 학교는 '글로벌 사회공헌센터'를 설립해 지원하고 있습니다.

SNU students reach out to regions around the world, donating their talents and sharing their knowledge. In the alpine regions of Nepal, SNU engineering students brought power to rural villages by installing solar energy panels. In an effort to develop the quality of volunteer activities, Seoul National University recently established the 'Institute for Global Social Responsibilities'.

일반인도 서울대학교 강의를 쉽게 접할 수 있도록 지식 창고를 개방하는 것은 대학이 창조한 가치가 사회와 공유될 때 더 큰 생명력을 가질 수 있다는 서울대학교의 믿음입니다.

Welcoming the public on campus, the community of Seoul National University is united in the belief that the vitality and value of knowledge is multiplied when it is shared with society. More than anything, SNU's fundamental role is paving a wider road to knowledge for both students and the public and sharing with society the values we created.

에필로그

창조적이고 가치 있는 지식을 창출하고 이를 국내외에 확산시킬 수 있는 나라가 새로운 글로벌 시대를 이끌게 될 것입니다. 세계를 선도하는 창의적 지식 공동체, 서울대학교가 그 꿈을 실현합니다.

Creative and innovative knowledge that flows within and beyond, leading the new global era. This is the vision that Seoul National University upholds, as the World's Leading Creative Knowledge Community.

번역: 권신애·조문주
감수: Eli Park Sorensen(전 서울대학교 교수)

02

기고문

기관장 글의 번역

홈페이지나 책자에 들어가는 기관장의 인사말 페이지, 또는 행사 시에 기관장의 인사 글 등을 번역하는 것도 교직원의 업무에 해당한다. 이런 글들은 대개 해당 기관의 핵심 비전을 담고 있으면서, 내용은 어려운 한자로 쓰인 경우가 많다. 이때 한자어를 영문 어휘로 매칭하는 방식은 절대 지양해야 하며, 원문에 사용된 화려한 수사에 대응하는 영어 문구를 찾아내는 것이 무엇보다 중요하다.

기관장이 바뀌면 인사말을 다시 쓰는 것은 피할 수 없지만, 핵심 가치에 대한 표현은 반복되기 때문에 공들인 번역은 한글 원본과 함께 주제별로 데이터베이스(DB)화해 두면 효과적으로 사용할 수 있다.

예를 들어 서울대학교에서는 대한민국의 발전과 함께한 서울대학교의 역사, 창의적인 글로벌 인재를 육성해야 하는 대학의 사명, 전 지구적 이슈에 대응하는 연구의 필요성 같은 주제가 총장이 바뀌더라도 반복적으로 등장하고 있다.

서울대학교 기고문

여기서는 필자가 번역한 전임 총장의 기고문 일부를 게재하였다.

올해는 한국이 광복 71년, 서울대학교가 개교 70년을 맞는 해입니다. 한국은 식민지에서 벗어난 이후 분단과 전쟁, 경제위기 등 고난을 극복하고 세계적인 경제대국으로 도약하였습니다. 그러한 변화의 밑바탕에는 뛰어난 인재들의 힘, 그 인재들을 길러낸 교육의 힘이 있었습니다. 서울대학교는 그러한 인재들을 배출한 학문의 전당이었습니다.

Seventy-one years have passed since the liberation of Korea from Japanese colonial rule; in 1946, the first year following the transition, Seoul National University (SNU) was founded as Korea's flagship university. Since that time, Korea has transformed itself from a war-torn aid recipient to the world's 13th-ranked economy, thanks to a strong cultural investment in education. SNU has been a steadfast source of that educational power since its founding.

저는 서울대학교 총장으로 취임하면서 '선한 인재'를 양성하겠다는 비전을 세웠습니다. 대학은 시대를 초월하는 '보편적 진리'와 시대에 맞는 '상황적 진리'를 모두 연구하고 교육해야 합니다. 유능하면서도 선의지로 충만하여 사회의 공익을 추구하는 선한 인재를 양성하는 것은 대학이 추구해야 할 보편적 진리입니다.

When I took the office of president of SNU in 2014, I declared that my first priority was to educate "good-willed, brilliant minds". In this century, universities should pursue both their traditional mission that transcends time, and the mission of the moment, responding to *l'esprit du temps*. Educating college students to achieve their maximum potential and cultivating a sense of good-will and responsible citizenship are the highest missions of the university.

저는 '선한 인재'를 양성하기 위하여 입학할 때부터 소외지역/소외계층 인재들을 발굴하고 있습니다. 서울대학교 입학전형의 변화는 한국의 사회적 이동성을 높이는 데 크게 기여하고 있습니다.

To foster 'good-willed' leaders, I changed the undergraduate entrance system so that it would be more inclusive of students from varying socio-economic backgrounds. In previous years, SNU had conventionally accepted only those who had the highest academic scores in high school and on standardized tests, but I decided that we would recruit only 30% through this conventional system. The admissions for the majority of applicants are now decided through consideration of many other aspects, based on essays, with a consideration for advancing the university's mission of achieving a diverse student body. Strong-minded young people who are not from privileged families or institutions and have overcome adversity to achieve excellence are now eligible to attend the best university in Korea.

가난한 학생들도 학업에 전념할 수 있도록 '선한인재 장학제도'를 시행하여 어려운 학생들을 적극 지원하기 시작했습니다. 작년부터 소득이 하위 10%인 가정의 학생들에게는 빠짐없이 장학금을 지급하여, 돈이 없어 대학을 중단하는 학생이 없도록 지원하고 있습니다.

Realizing one's inner goodwill can be an unaffordable luxury for those who come from challenging financial circumstances. That is why I changed the financial aid system from a merit-based to a need-based system. Beginning this year, the university provides every single student admitted from the lowest 10% household income with a full-tuition scholarship and additional support for fees, housing and meals. Law school students can receive full scholarships by promising to repay the money in the future, creating a fund that will be used to assist more needy students.

이제는 변화하는 시대 정신에 부응하는 '상황적 진리'를 교육하고 연구하는 것 또한 대학의 책임이라고 생각합니다. 20세기에 들어서면서 새로운 학문에 대한 수요가 증가하여 학문의 세분화 시대를 맞이했지만, 21세기에는 이렇게 세분화된 학문을 다시 합치면서 더 큰 시너지와 가치를 창출할 수 있는 융합의 시대가 도래하였습니다. 저는 원천기술과 더불어 융합기술을 더욱 적극적으로 발전시켜 시대적 요구에 부응하고 경제발전에 도움을 주어야 한다고 생각합니다. 이를 위해서 학제간 교류와 융합이 더욱 활발히 추진되어야 할 것입니다.

I believe the second responsibility of the university is to respond to the paradigmatic shift of the *Zeitgeist*. It was the 20th century mission of the university to create new academic fields that could meet the demands of a developing society. In the 21st-century, however, the most important mission of our university is to create innovative solutions to comprehensive problems by converging all possible forms of knowledge. This convergence is only possible when we educate and conduct research beyond our conventional academic and national borders.

서울대학교는 대학원에 학문의 융합과 산학협동을 통한 융합기술의 개

발을 목적으로 융합과학기술대학원을 설립하였습니다. 학제간 교류는 반드시 자연과학기술에만 국한하지 않습니다. 융합의 범위를 넓히기 위해서 서울대학교는 자유전공학부를 신설하여 학문간의 벽을 허물면서 시대적 요구에 필요한 융합형 인재를 양성하고 있습니다.

For example, the university established the Graduate School of Convergence Science and Technology on the satellite campus in Suwon to advance interdisciplinary objectives. In addition, the College of Liberal Studies was recently established to lead undergraduates to conduct their studies beyond traditional academic boundaries.

선한 인재를 양성하고, 시대정신에 부합하는 연구를 수행하는 비전을 실천함으로써, 서울대학교는 창의적인 지식과 선한 인재가 융합을 이루는 아시아의 허브로 나아갈 것입니다.

With good-willed minds who engage in scholarship beyond national borders, Seoul National University will continue to sow the seeds of intellectual development in Asia, where tradition meets innovation.

번역: 조문주
감수: David K. Wright 교수, Travis L. Smith 교수

03

기념문

서울대학교 유지기념비

대학로의 옛 서울대학교 문리과대학 터에는 '서울대학교 유지기념비'가 세워져 있다. 종로구에서 외국인을 위한 영문 안내문 번안을 요청하여 당시 재직 중이던 Sorensen 교수가 작업하였다.

동숭동 서울대학교 옛 캠퍼스 자리에 1976년 당시 1,600만 원을 들여 세운 유지기념비와 새로 세운 안내판

유지기념비 안내문의 번역

이곳은 1946년부터 1975년까지 대한민국 최고의 고등교육기관으로 수많은 인재를 배출했던 서울대학교 동숭동 캠퍼스 터입니다. 당시 서울대학교 동숭동 캠퍼스에는 대학본부와 문리과대학, 법과대학이 있었으며, 센강이라 불렸던 대학천과 그 위의 미라보 다리에는 캠퍼스의 아름다운 낭만과 역사가 잔잔히 흘렀습니다. 1975년 관악캠퍼스로의 이전에 따라 동숭동 캠퍼스는 현재 그 터만을 남겨 두고 있지만, 동숭동 캠퍼스에서의 시간들은 모두의 영원한 추억으로 기억될 것입니다.

Seoul National University is Korea's first national university, and one of the most important educational institutions in the country's history. This site commemorates the home of Seoul National University from its inception in 1946 to 1975. During those years, the Dongsung-dong campus housed the University Headquarters, the College of Liberal Arts and Sciences, and the College of Law. At the heart of the campus flowed a small stream, endearingly called the "Seine River," across which hung a bridge colloquially known as the "Mirabeau Bridge." In this romantic setting, a unique academic culture was born, embodying some of the finest principles and values in Korean society. Although Seoul National University in 1975 moved to the Gwanak campus, its current location, the legacy of the Dongsung-dong campus is everlasting.

1975년 1월 17일 오전 9시 서울대학교 문리과대학 과학관 407호 강의실에서 동숭동 캠퍼스의 마지막 수업이 진행되었습니다. 다 낡아 삐걱거리는 강의실이었지만 그 소리가 어쩌면 그리 맑았던지, 더 이상 뛰지 않는 운동장을 보며 더 높이 뛰도록 언제나 이곳을 생각할 것입니다. 남겨두고 온 캠퍼스에 부끄럽지 않게…

_1975. 3. 24.

「대학신문」

On the morning of 17th January, 1975, the last lecture was held on Seoul National University's Dongsung-dong campus. It was an emotional day of celebration and remembrance as the community said farewell to its old campus, while looking towards its new home, the Gwanak campus. Although the busy footsteps of students and professors can no longer be heard, the spirit of the Donsung-dong campus lives on as a proud and reassuring memory of Seoul National University's early history.

_*University Newspaper*, March 24, 1975

번역: Eli Park Sorensen(전 서울대학교 교수)

04

교정보기

번역을 마치고 나면 영어 원어민에게 교정을 의뢰하게 된다. 한국인이 번역한 글에서 원어민들이 가장 흔하게 수정하는 부분들을 정리해 보았다.

제목에서 대소문자 사용

영어로 제목을 쓸 때는 단어의 첫 글자를 대문자로 쓰고 전치사는 소문자로 쓰는 것으로 알려져 있다. 고전 문법에서는 모든 부수적인 단어를 소문자로 썼지만 현대 문법에서는 다섯 글자 이상의 전치사나 네 글자 이상의 접속사를 대문자로 쓰는 것이 더 일반적이다.

- 관사(a, the)와 짧은 전치사(in, at, on...)는 항상 소문자

SNU **in the** World (○)　　SNU **IN THE** WORLD (○)

SNU In the World (×)　　SNU in The World (×)

- 4~5자 이상의 전치사는 대문자 사용(권장)

Start **with** SNU (○) Start With SNU (△)

Splendor **Without** End (○) Splendor without End (×)

* 전치사를 대문자로 표기하는 기준 글자 수에 대해서는 네 글자와 다섯 글자 사이에서 의견이 갈린다. 『뉴욕 타임스』에서는 with, from 등 네 글자 전치사부터 대문자로 쓴다.

- To 부정사, 전치사는 소문자

It's Good **to** Go (○) It's Good To Go (×)

- 등위접속사(and, or, nor...)는 소문자, 종속접속사(until, that...)는 대문자 (권장)

Honors **and** Awards (○) Honors And Awards (×)

All **That** We Teach (○) All that We Teach (×)

- 대명사, 관계대명사, Be 동사는 대문자

SNU **Is** at the Forefront (○) SNU is at the Forefront (×)

SNU, **Where** Tradition Meets Innovation (○)

문장부호 바르게 쓰기

외국인들이 번역 결과를 감수하는 단계에서 가장 흔하게 하는 지적이 문장부호를 영어 문법에 맞게 사용하지 않는 부분이다. 한국인이 자주 틀리는 영문 문장부호 사용법을 정리하였다.

❶ 괄호( ) 앞뒤 띄어쓰기

보충 설명은 소괄호로 표기하는데, 한글에서는 앞말에 붙여 쓰는 것이 일반적이고, 영어에서는 괄호 앞뒤에 반드시 공백을 둔다.

- 김기현 교수(철학과) (○)
- 김기수 교수 (철학과) (×)
- Professor Kim Kihyeon (Department of Philosophy) (○)
- Professor Kim Kihyeon(Department of Philosophy) (×)

❷ 콜론(:) 사용 시 설명 대상을 명확히

영어에서도 앞말을 설명할 때 콜론을 사용하지만, 사용법이 조금 다르다. 한글에서는 '교원: 2,104명', '캠퍼스: 6만 평'과 같이 명사를 던져 놓고 그 성격을 풀어 주는 편리한 기호로 사용하는데, 그대로 영어 문장으로 바꾸면 한국식 번역이라는 지적이 돌아온다. 영어에서는 완전한 문장을 쓰고 그에 대한 나열식 설명이 추가로 필요할 때 콜론을 사용한다. 다음 한글 문장을 맞게 번역해 보자.

- 서울대학교 캠퍼스: 관악캠퍼스, 연건캠퍼스, 평창캠퍼스, 수원캠퍼스

  SNU Campuses: Gwanak, Yeongeon, PyeongChang, and Suwon campuses (×)

  SNU has four campuses: Gwanak main campus, Yeongeon medical campus, PyeongChang greenbio campus, and Suwon convergence science campus (○)

한글에서는 콜론의 앞뒤에 공백을 두는 것이 허용되지만, 영어에서는 반드시 앞 단어에 붙여서 사용한다. 최근 행정안전부 권고 사항에는 한글 공문서에도 앞 단어에 콜론을 붙이도록 하였다.

❸ 세미콜론(;)의 효율적인 사용

세미콜론은 우리말에서 잘 쓰지 않는 문장부호인데, 영어에서는 동등한 여러 구문을 나열할 때 쉼표보다 세미콜론을 사용하여 의미를 명확히 해 준다. 서울대 전 총장의 biography에서는 한글로는 쉼표로 간단히 구분한 부분을 영문에서는 세미콜론으로 구분하였다. 마지막 항목에서는 다시 쉼표를 사용한다.

- 성낙인 총장은 한국법학교수회장(2009~2013년), 한국공법학회장(2005~2007년), 통일부 정책자문위원장(2009~2012년), 대법관후보추천위원회 위원(2009~2012년), 대통령자문교육개혁위원회 위원(1995~1997년) 등을 역임하였다.

  President Sung has served in honorable positions: President of the Korean Law Professors Association (2009-2013); President of the Korean Public Law Association (2005-2007); Chairperson of the Policy Advisory Committee of the Ministry of Unification (2009-2012); Member of the Supreme Court Justice Candidate Recommendation Committee (2009-2012), and Member of the Presidential Commission on Education Reform (1995-1997).

고유명사는 정확하게 표기

사람이나 기관의 한글 명칭은 틀리지 않게 주의해서 표기하면서 영문 명칭은 찾아보지 않고 대충 쓰는 번역자들이 의외로 많다. 사람 이름이라면 그 사람의 논문 초록이나 소속 기관 홈페이지를 통해 찾을 수 있다. 조직명은 대개 영문 홈페이지를 통해 찾아낼 수 있으니 고유한 영문 명칭을 틀리게 써서 번역의 신뢰도가 떨어지지 않도록 하자.

한글 폰트와 다른 영문 폰트

놀랄 만큼 많은 편집회사에서 윤디자인 서체와 같은 한글전용 폰트로 영어를 표현해도 된다고 생각한다. 번역하고 교정까지 정성스럽게 완료한 자료에 폰트를 잘못 써서 가독성이 낮아진다면 안타까운 일이다. 영문 자료에는 반드시 영어 폰트를 사용하도록 챙겨야 한다.

Q 학위수여식 현수막에서 잘못된 영어 표현을 찾아 교정해 보자.

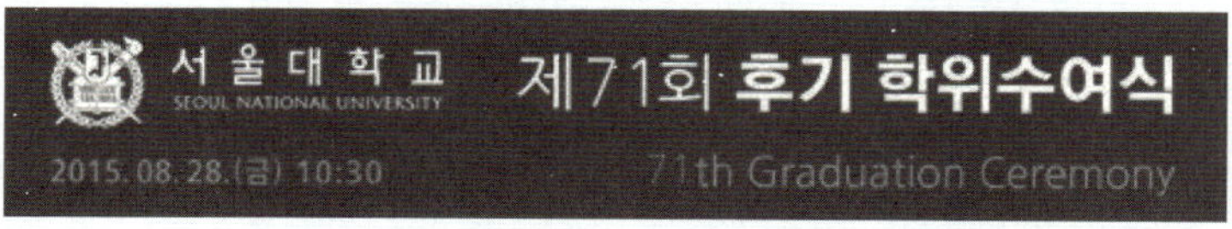

A 영문 교정을 볼 때 흔한 실수 중의 하나가 위첨자로 작게 들어가는 서수를 바꿔 쓰는 것이다. 여기서 71회 학위수여식은 71th가 아니라 71st로 표기해야 한다. 숫자별 기수는 다음과 같다.
1st, **2nd**, **3rd**, 4th, 5th, 6th, 7th, 8th, 9th

부록

- 교육조직 명칭
- 행정조직 명칭
- 직위 명칭(보직명)

○ 교육조직 명칭

구분	국문명	영문명
대학	**인문대학**	**College of Humanities**
학과	국어국문학과	Department of Korean Language and Literature
	중어중문학과	Department of Chinese Language and Literature
	영어영문학과	Department of English Language and Literature
	불어불문학과	Department of French Language and Literature
	독어독문학과	Department of German Language and Literature
	노어노문학과	Department of Russian Language and Literature
	서어서문학과	Department of Hispanic Language and Literature
	언어학과	Department of Linguistics
	국사학과	Department of Korean History
	동양사학과	Department of Asian History
	서양사학과	Department of Western History
	철학과	Department of Philosophy
	종교학과	Department of Religious Studies
	미학과	Department of Aesthetics
	고고미술사학과	Department of Archaeology and Art History
	아시아언어문명학부	Department of Asian Languages and Civilizations
대학	**사회과학대학**	**College of Social Sciences**
학과	정치외교학부	Department of Political Science and International Relations
	경제학부	Department of Economics
	사회학과	Department of Sociology
	인류학과	Department of Anthropology
	심리학과	Department of Psychology
	지리학과	Department of Geography
	사회복지학과	Department of Social Welfare
	언론정보학과	Department of Communication
대학	**자연과학대학**	**College of Natural Sciences**
학과	수리과학부	Department of Mathematical Sciences

구분	국문명	영문명
	통계학과	Department of Statistics
	물리·천문학부	Department of Physics and Astronomy
	화학부	Department of Chemistry
	생명과학부	Department of Biological Sciences
	지구환경과학부	Department of Earth and Environmental Sciences
	뇌인지과학과	Department of Brain and Cognitive Sciences
대학	**간호대학**	**College of Nursing**
학과	간호학과	Department of Nursing
대학	**경영대학**	**College of Business Administration**
학과	경영학과	Department of Business Administration
대학	**공과대학**	**College of Engineering**
학과	건설환경공학부	Department of Civil and Environmental Engineering
	기계항공공학부	Department of Mechanical and Aerospace Engineering
	재료공학부	Department of Materials Science and Engineering
	전기·정보공학부	Department of Electrical and Computer Engineering
	컴퓨터공학부	Department of Computer Science and Engineering
	화학생물공학부	Department of Chemical and Biological Engineering
	건축학과	Department of Architecture and Architectural Engineering
	산업공학과	Department of Industrial Engineering
	에너지자원공학과	Department of Energy Resources Engineering
	원자핵공학과	Department of Nuclear Engineering
	조선해양공학과	Department of Naval Architecture and Ocean Engineering
대학	**농업생명과학대학**	**College of Agriculture and Life Sciences**
학과	식물생산과학부	Department of Plant Science
	산림과학부	Department of Forest Science
	응용생물화학부	Department of Applied Biology and Chemistry
	식품·동물생명공학부	Department of Food and Animal Biotechnology
	바이오시스템·소재학부	Department of Biosystems and Biomaterials Science and Engineering

구분	국문명	영문명
	조경·지역시스템공학부	Department of Landscape Architecture and Rural Systems Engineering
	농경제사회학부	Department of Agriculture Economics and Rural Development
대학	**미술대학**	**College of Fine Arts**
	동양화과	Department of Oriental Painting
학과	서양화과	Department of Painting
	조소과	Department of Sculpture
	디자인학부	Department of Crafts and Design
대학	**사범대학**	**College of Education**
	교육학과	Department of Education
	국어교육과	Department of Korean Language Education
	영어교육과	Department of English Language Education
	불어교육과	Department of French Language Education
	독어교육과	Department of German Language Education
	사회교육과	Department of Social Studies Education
	역사교육과	Department of History Education
학과	지리교육과	Department of Geography Education
	윤리교육과	Department of Ethics Education
	수학교육과	Department of Mathematics Education
	물리교육과	Department of Physics Education
	화학교육과	Department of Chemistry Education
	생물교육과	Department of Biology Education
	지구과학교육과	Department of Earth Science Education
	체육교육과	Department of Physical Education
대학	**생활과학대학**	**College of Human Ecology**
	소비자아동학부	Department of Consumer and Child Studies
학과	식품영양학과	Department of Food and Nutrition
	의류학과	Department of Textiles, Merchandising and Fashion Design

구분	국문명	영문명
대학	**수의과대학**	**College of Veterinary Medicine**
학과	수의예과	Preliminary Veterinary Medicine
	수의학과	Department of Veterinary Medicine
대학	**약학대학**	**College of Pharmacy**
학과	약학과	Department of Pharmacy
	제약학과	Department of Manufacturing Pharmacy
대학	**음악대학**	**College of Music**
학과	성악과	Department of Vocal Music
	작곡과	Department of Composition
	기악과	Department of Instrumental Music
	국악과	Department of Korean Music
대학	**의과대학**	**College of Medicine**
학과	의예과	Preliminary Medicine
	의학과	Department of Medicine
대학	**자유전공학부**	**College of Liberal Studies**
연합전공	**학부 연합전공**	**Interdisciplinary Majors for Undergraduates**
전공과정	정보문화학	Information Science and Culture Studies
	계산과학	Computational Sciences
	벤처경영학	Entrepreneurship
	기술경영	Technology Management
	글로벌환경경영학	Global Environment Management
	영상매체예술	Media Art
연계전공	**학부 연계전공**	**Interdisciplinary Minors for Undergraduates**
부전공 과정	중국학	Chinese Studies
	미국학	American Studies
	러시아학	Russian Studies
	라틴아메리카학	Latin America Studies
	유럽지역학	European Studies
	뇌-마음-행동	Brain-Mind-Behavior
	금융경제	Financial Economics

구분	국문명	영문명
	금융수학	Financial Mathematics
	과학기술학	Science and Technology Studies
	공학바이오	Engineering Biotechnology
	통합창의디자인	Integrated Creative Design
협동과정	**대학원 협동과정**	**Interdisciplinary Programs for Graduates**
협동과정	인지과학	Cognitive Science
	서양고전학	Classical Studies
	비교문학	Comparative Literature
	기록관리학	Archival Science
	공연예술학	Performing Arts
	여성학	Gender Studies
	과학사와 과학철학	History and Philosophy of Science
	유전공학	Genetic Engineering
	뇌과학	Neuroscience
	생물정보학	Bioinformatics
	계산과학	Computational Science and Technology
	생물물리 및 화학생물학	Biophysics and Chemical Biology
	도시설계학	Urban Design
	바이오엔지니어링	Bioengineering
	기술·경영·경제·정책	Technology, Economics, Management and Policy
	해양플랜트엔지니어링	Offshore Plant Engineering
	농림기상학	Agricultural and Forest Meteorology
	농생명유전체학	Agricultural Genomics
	음악교육	Music Education
	미술교육	Fine Arts Education
	가정교육	Home Economics Education
	특수교육	Special Education
	환경교육	Environment Education
	유아교육	Early Childhood Education
	글로벌교육협력	Global Education Cooperation

구분	국문명	영문명
	미술경영	Arts Management
	종양생물학	Cancer Biology
	임상약리학	Clinical Pharmacology
	의료정보학	Medical Informatics
	줄기세포생물학	Stem Cell Biology
전문대학원	**보건대학원**	**Graduate School of Public Health**
학과	보건학과	Department of Public Health
	환경보건학과	Department of Environmental Health
전문대학원	**행정대학원**	**Graduate School of Public Administration**
학과	행정학과	Department of Public Administration
	공기업정책학과	Department of Public Enterprise Policy
전문대학원	**환경대학원**	**Graduate School of Environmental Studies**
학과	환경계획학과	Department of Environmental Planning
	환경조경학과	Department of Landscape Architecture
전문대학원	**국제대학원**	**Graduate School of International Studies**
	국제학과	Department of International Studies
전문대학원	**치의학대학원**	**School of Dentistry**
	치의학과	Department of Dentistry
전문대학원	**경영전문대학원**	**Graduate School of Business**
학과	경영학과	Department of Business Administration
전공	EMBA	Executive MBA
	GMBA	Global MBA
	SMBA	SNU MBA
전문대학원	**법학전문대학원**	**School of Law**
학과	법학과	Department of Law
전문대학원	**융합과학기술대학원**	**Graduate School of Convergence Science and Technology**
학과	융합과학부	Department of Transdisciplinary Studies
전문대학원	**국제농업기술대학원**	**Graduate School of International Agricultural Technology**
학과	국제농업기술학과	Department of International Agricultural Technology

구분	국문명	영문명
전문대학원	**공학전문대학원**	**Graduate School of Engineering Practice**
학과	응용공학과	Department of Engineering Practice
과거 교육조직		
	문리과대학 (1946~1975)	College of Liberal Arts and Sciences
	상과대학 (1946~1975)	College of Commerce
	예술대학 (1946~1953)	College of Fine Arts
	예술대학 미술학부 (1946~1953)	Department of Art, College of Fine Arts
	예술대학 음악학부 (1946~1953)	Department of Music, College of Fine Arts
	농과대학 (1946~1992)	College of Agriculture
	가정대학 (1968~1997)	College of Home Economics
	사법대학원 (특수대학원, 1962~1971)	Graduate School of Judicial Studies
	교육대학원 (특수대학원, 1963~1975)	Graduate School of Education
	경영대학원 (특수대학원, 1965~1975)	Graduate School of Business Administration
	신문대학원 (특수대학원, 1967~1975)	Graduate School of Journalism
서울대 전신		
	법관양성소 (1895~1911)	National Judicial Academy
	한성사범학교 (1894~1911)	Hanseong Normal School
	의학교 (1899~1907)	National Medical School

구분	국문명	영문명
	대한의원 (1907~1910)	Daehan Medical Center (Great Han Medical Center)
	상공학교 (1899~1904)	School of Commerce and Engineering
	농상공학교 (1904~1918)	School of Agriculture, Commerce, and Engineering
	경성제국대학 (1926~1945)	Kejio Imperial University
	경성대학 (1945~1946)	Seoul University
	경성경제전문학교 (1922~1946)	Seoul Commercial College
	경성치과전문학교 (1929~1946)	Seoul Dental College
	경성법학전문학교 (1922~1946)	Seoul Law College
	경성의학전문학교 (1916~1946)	Seoul Medical College
	경성광산전문학교 (1939~1946)	Seoul Mining College
	경성사범학교 (1922~1946)	Seoul Normal College
	경성공업전문학교 (1916~1946)	Seoul Technical College
	경성여자사범학교 (1935~1946)	Seoul Women's Normal College
	수원농림전문학교 (1918~1946)	Suwon Agricultural and Forestry College

* 단과대학의 순서는 서울대학교 학칙에 기술된 순서대로 문리과대학을 전신으로 하는 인문학/사회과학/자연과학 대학을 앞에 두고 이후는 가나다순, 자유전공학부는 마지막에 두었다.
* 전문대학원의 순서는 설립연도순으로 하였다.
* 현재의 학과에 대해서는 서울대학교 학칙에서 '대학별 설치학과'로 규정하는 과에 대해서만 표기하였으며, 대학원에만 설치된 전공은 별도로 표기하지 않았다.
* 서울대학교의 전신인 교육기관에 대해서는 「국립서울대학교설립에관한법령(Ordinance 102 - Establishment of Seoul National University)」(1946. 8. 22)에 기재된 법령 원문대로 하였다.
* 과거에 사라진 교육조직에 대해서는 백서 등 학교 자료를 참고하였다.

행정조직 명칭

행정기구의 명칭

조직/기관	국문명	영문명
이사회/감사	**이사회**	**Board of Trustees**
	이사장	Chairperson of the Board of Trustees
	이사	Trustee
	당연직 이사	ex-officio Trustee
	감사	Auditor
총장	**총장**	**President**
	교육부총장	Vice President of Education
	연구부총장	Vice President of Research
	기획부총장	Vice President of Planning
교무처	**교무처**	**Office of Academic Affairs**
	교무과	Division of Academic Affairs
	학사과	Division of Educational Affairs
	교무처장	Dean of Academic Affairs
	교무부처장	Associate Dean of Academic Affairs
	교무과장	Director, Division of Academic Affairs
	학사과장	Director, Division of Educational Affairs
	교무과행정관	Deputy Director, Division of Academic Affairs
학생처	**학생처**	**Office of Student Affairs**
	학생지원과	Division of Student Service
	장학복지과	Division of Scholarships and Welfare
	학생처장	Dean of Student Affairs
	학생부처장	Associate Dean of Student Affairs
	학생지원과장	Director, Division of Student Service
	장학복지과장	Director, Division of Scholarships and Welfare

조직/기관	국문명	영문명
연구처	**연구처**	**Office of Research**
	연구정책과	Division of Research Policy
	연구지원과	Division of Research Support
	연구윤리팀	Research Ethics Team
	연구처장	Dean of Research
	연구부처장	Associate Dean of Research
	연구정책과장	Director, Division of Research Policy
	연구지원과장	Director, Division of Research Support
	연구윤리팀장	Manager, Research Ethics Team
기획처	**기획처**	**Office of Planning and Communication**
	기획과	Division of Planning
	법무팀	Legal Affairs Team
	회계지원팀	Accounting Support Team
	대외협력팀	External Affairs Coordination Team
	홍보팀	Public Relations Team
	기획처장	Dean of Planning and Communication
	기획부처장	Associate Dean of Planning
	협력부처장	Associate Dean of Communication
	기획과장	Director, Division of Planning
	법무팀장	Manager, Legal Affairs Team
	회계지원팀장	Manager, Accounting Support Team
	대외협력팀장	Manager, External Affairs Coordination Team
	홍보팀장	Manager, Public Relations Team
재정 전략실	**재정전략실**	**Office of Financial Planning**
	예산과	Division of Budget Control
	자산운영과	Division of Asset Management
	재정전략실장	Director-General of Financial Planning
	예산과장	Director, Division of Budget Control
	자산운영과장	Director, Division of Asset Management

조직/기관	국문명	영문명
사무국	**사무국**	**Bureau of General Administration**
	인사교육과	Division of Personnel Management
	총무과	Division of General Affairs
	재무과	Division of Finance & Property
	행정관리팀	Administrative Management Team
	사무국장	Director-General of General Administration
	인사교육과장	Director, Division of Personnel Management
	총무과장	Director, Division of General Affairs
	재무과장	Director, Division of Finance & Property
	행정관리팀장	Manager, Administrative Management Team
시설 관리국	**시설관리국**	**Bureau of Construction and Facilities Management**
	캠퍼스관리과	Division of Campus Management
	시설기획과	Division of Construction
	시설지원과	Division of Facilities Management
	시설관리국장	Director-General of Construction and Facilities Management
	캠퍼스관리과장	Director, Division of Campus Management
	시설기획과장	Director, Division of Construction
	시설지원과장	Director, Division of Facilities Management
입학본부	**입학본부**	**Office of Admissions**
	입학전형실	Division of Student Recruitment
	입학관리과	Division of Admissions
	입학본부장	Dean of Admissions
	입학부본부장 & 입학전형실장	Associate Dean of Admissions
	입학관리과장	Director, Division of Admissions
국제협력 본부	**국제협력본부**	**Office of International Affairs**
	국제협력과	Division of International Affairs
	국제협력본부장	Dean of International Affairs
	국제협력부본부장	Associate Dean of International Affairs
	국제협력과장	Director, Division of International Affairs

조직/기관	국문명	영문명
정보화 본부	**정보화본부**	**Office of Information Systems and Technology**
	정보화기획과	Division of IT Planning
	정보화지원과	Division of IT Service
	정보화지원과 연건센터	IT Service Center in Yeongeon
	정보화본부장	Dean of Information Systems and Technology
	정보화부본부장	Associate Dean of Information Systems and Technology
행정실/사무실	대학(원) 행정실	Administration Office
	대학(원) 행정실장	Manager, Administration Office
	학과(부) 사무실	Department Office
행정조직의 직책	처장, 본부장	Dean
	부처장, 부본부장	Associate Dean
	국장, 실장	Director-General
	과장	Director
	행정관	Deputy Director
	팀장	Manager
	행정실장	Manager

* 『서울대학교 기구 등의 영문 표기』, 서울대학교 기획처 기획과(2006)를 기준으로 일부 수정, 추가하였다.
* 법인 전환 이후 추가된 항목에 대해서는 「서울대학교 정관」에 명시된 경우 법인화준비위원회의 비공식 번역(2011)을 기준으로 추가하였다.
* '처, 국, 실'을 동등하게 보는 관례에 따라 '처'와 '실'을 모두 Office로 번역하였고, '실장'은 '국장'과 동일하게 Director-General로 번역하였다.
* '학생지원과'는 학생과(Division of Student Affairs)에서 명칭이 변경되었는데 외국 사례에 맞추어 'Student Support' 대신 'Student Service'로 번역하였다.
* 입학전형실(Division of Student Recruitment)은 공식 명칭에 대한 논의가 없어 임의로 지정하였다.
* 행정관은 과 내 팀장일 때 Deputy Director, 독립된 팀의 팀장일 때 Manager로 번역하였다.

지원시설, 부속시설 등의 명칭

조직/기관	국문명	영문명
도서관	**중앙도서관**	**University Library**
	사회과학도서관	Social Sciences Library
	경영학도서관	Business Library
	농학도서관	Agriculture and Life Sciences Library
	법학도서관	Law Library
	수의학도서관	Veterinary Medicine Library
	의학도서관	Medical Library
	치의학도서관	Medical Library
	국제학도서관	International Studies Library
	수서관리과	Division of Technical Services
	정보관리과	Division of Public Relations
	행정지원팀	Administrative Support Team
	중앙도서관 관장	Dean of Libraries
기초교육원	**기초교육원**	**Faculty of Liberal Education**
	행정지원팀	Administrative Support Team
	기초교육원 원장	Dean of Liberal Education
	기초교육원 부원장	Associate Dean of Liberal Education
본부주관 연구소	**본부주관연구소**	**Intercollegiate Research Institutes**
	통일평화연구원	Institute for Peace and Unification Studies
	생명공학공동연구원	Bio-MAX / N-Bio
	금융경제연구원	Institute for Research in Finance and Economy
	아시아에너지환경 지속발전가능연구소	Asian Institute for Energy, Environment, and Sustainability
	그린바이오과학기술 연구원	Institute of GreenBio Science and Technology
	빅데이터연구원	Big Data Institute
	소장/원장	Director

조직/기관	국문명	영문명
부속시설	**본부부속시설**	**University Affiliated Facilities**
	박물관	University Museum
	규장각한국학연구원	Kyujanggak Institute for Korean Studies
	관악학생생활관	Gwanak Residence Halls
	보건진료소	Health Service Center
	교수학습개발센터	Center for Teaching and Learning (CTL)
	실험동물자원관리원	Institute of Laboratory Animal Sources
	기초과학공동기기원	National Center for Inter-University Research Facilities
	언어교육원	Language Education Institute
	대학생활문화원	Center for Campus Life and Culture
	인권센터	Human Rights Center
	기록관	University Archives
	환경안전원	Institute of Environmental Protection and Safety
	미술관	Museum of Art (MoA)
	경력개발센터	Career Development Center
	평생교육원	Center for Life Long Education
	대학행정교육원	Academy of University Administration
	어린이보육지원센터	Center for Child Educare Service & Research
	글로벌사회공헌단	Institute for Global Social Responsibility
	본부부속시설의 장 (관장, 원장, 센터장, 단장)	Director
부설학교	**부설학교**	**Affiliated Schools**
	부설초등학교	Seoul National University Elementary School
	부설중학교	Seoul National University Middle School
	부설여자중학교	Seoul National University Girls' Middle School
	부설고등학교	Seoul National University High School

조직/기관	국문명	영문명
	법인 및 기타기관	**Incorporations and others**
법인 및 기타기관	특수법인 서울대학교 병원	SNU Hospital
	특수법인 서울대학교 치과병원	SNU Dental Hospital
	서울대학교산학협력단	SNU R&DB Founcation
	서울대학교 생활협동조합	SNU Co-op
	재단법인 서울대학교 발전기금	Seoul National University Foundation
	재단법인 차세대융합 기술원	Advanced Institutes of Convergence Technology
	사단법인 서울대학교 출판문화원	SNU Press
	대학신문	University Newspaper
	호암교수회관	Hoam Faculty House
	기술지주회사	SNU Technology Holdings
	서울대/포스코 스포츠 센터	SNU/POSCO Sports Complex
	재단법인 기초전력연구원	Korea Electrical Engineering & Science Research Institute
	학군단	Reserve Officers' Training Corps (ROTC)
	국제백신연구소	International Vacc ne Institute

* 법인격에 대해서는 필요시 'SNU Hospital Incorporated'와 같이 표기할 수 있다. 재단법인은 incorporated foundation, 사단법인은 incorporated association으로 번역한다.
* 법인 명칭 중 'SNU'는 편의상 약자로 표현하였으며, 공식 명칭은 Seoul National University로 풀어 쓰는 것이 맞다.

심의·자문 기구

조직/기관	국문명	영문명
심의·자문 기구	**심의·자문 기구**	**Deliberative / Advisory Bodies**
	평의원회	University Senate
	학장회의	Dean's Council
	다양성위원회	Diversity Council
	학사위원회	University Committee on Academic Affairs
	재경위원회	University Committee on Financial Affairs
	기초학문진흥위원회	Committee for the Promotion of Foundational Research
	장학복지위원회	Scholarships and Welfare Committee
	교원인사위원회	Faculty Personnel Committee
	직원인사위원회	Administrative Staff Personnel Committee
	기획위원회	University Planning Committee
	교육위원회	Education Committee
	대학원위원회	Graduate Studies Committee
	기초교육위원회	Liberal Education Committee
	학사운영위원회	Steering Committee for Academic Affairs
	연구운영위원회	Steering Committee for Research Affairs
	미래연구위원회	Future Research Committee
	정보화위원회	Information Technology Committee
	연구진실성위원회	Research Integrity Committee
	자체평가위원회	Internal Evaluation Committee
	등록금심의위원회	Tuition Deliberation Committee
	총장추천위원회	President Recommendation Committee
	총장후보초빙위원회	Presidential Candidate Search Committee
	위원회의 의장	Chair
	부의장	Vice Chair

* 심의·자문 기구의 경우 평의원회와 다양성위원회 이외에는 공식 명칭이 정해진 적이 없으며, 「서울대학교 정관」의 비공식 번역(2011)을 기준으로 일부 수정하였다.

직위 명칭(보직명)

조직		직위명
교육조직	(대학의) 학장	Dean
	(전문대학원의) 원장	Dean
	부학장/부원장	Associate Dean
	교무부학(원)장	Associate Dean of Academic Affairs
	연구부학(원)장	Associate Dean of Research Affairs
	기획부학(원)장	Associate Dean of Planning
	대외부학(원)장	Associate Dean of Communication
	학과장/학부장	Chair / Head
	전공주임	Program Chair
행정조직	처장	Dean
	부처장	Associate Dean
	본부장	Dean
	부본부장	Associate Dean
	국장, 실장	Director-General
	과장	Director
	팀장(과내)	Deputy Director
	팀장(독립)	Manager
	행정실장	Manager
지원시설	도서관장, 기초교육원장	Dean
연구기관	연구원장/연구소장	Director
	부원장/부소장	Associate Director
부속시설	관장, 소장, 원장, 센터장, 단장 등	Director
위원회	위원장	Chair
	부위원장	Vice Chair
	위원	Member
	간사	Administrative Assistant

참고 자료

교육부, 『Education, the Driving Force for the Development of Korea』, 2015.

교육부, 『Education in Korea』, 2015, 2016, 2017.

국세청 국제조세관리실, 『Easy Guide for Foreigner's Year-End Tax Settlement 2016』, 국세청, 2017.

국세청 국제조세관리실, 『Income Tax and Benefit Guide for Foreigners 2016』, 국세청, 2017.

국세청 고객만족센터, 『Tax Guide for Foreign Taxpayers in Korea』, 국세청, 2012.

기획재정부 예산관리과, 『The Budget System of Korea』, 기획재정부, 2014.

서울대학교 교무처 교무과, 『Faculty Handbook』, 서울대학교, 2010.

서울대학교 교무처 교무과, 『Appointment Regulations』, 서울대학교, 2011.

서울대학교 교무처 교무과, 『서울대학교 교과과정』, 서울대학교, 2016.

서울대학교 기획처 기획과, 『서울대학교 기구 등의 영문 표기』, 2006.

서울대학교 기획처 기획과, 『Graphic Guidelines』, 서울대학교, 2006.

서울대학교 기획처 기획과, 『서울대학교 4개년 발전계획』, 2007.

서울대학교 기획처 홍보팀, 『SNU Guidebook』, 2013.

서울대학교 60년사 편찬위원회, 『서울대학교 60년사』, 2006.

Bok, Derek, *Higher Education in America*, Princeton University Press, 2013.

Eckel, P. D. and J. E. King, *An Overview of Higher Education in the United States: Diversity, Access, and the Role of the Marketplace*, American Council on Education, 2011.

Krug, Steve, *Don't Make Me Think: A Common Sense Approach to Web Usability*, 2006.

United Nations, *Correspondence Manual — A guide to the drafting, processing and dispatch of official United States communications*, United Nations Publication, 2000.

United States Army Military Government in Korea, *Establishment of Seoul National University (Ordinance Number 102)*, 1946.

United States Office of Personnel Management, *Handbook on Leave and Workplace Flexibilities for Childbirth, Adoption, and Foster Care*, 2015.

교육부 국제협력관, 「Introduction on the Education System of the Republic of Korea」, 교육부, 2006.
김신복, 「공직분류체계 개선방안」, 한국행정학회, 1999.
한국법제연구원, 「법령 영문번역 기준」, 2016.
한국법제연구원, 「주요 법령용어의 영문번역 기준 및 용례 연구」, 2016.
Egger, Bernhard et al., 「Sustainable Integration of International Faculty — 지속가능한 외국인 교원 통합 방안 모색」, 서울대학교 다양성위원회, 2017.

국립대학법인 서울대학교 설립준비위원회, "Act on the Establishment and Operation of Seoul National University Incorporated" (Unofficial Translation), 서울대학교, 2011a.
국립대학법인 서울대학교 설립준비위원회, "Articles of Incorporation for Seoul National University" (Unofficial Translation), 서울대학교 법인화준비위원회, 2011b.
서울대학교 교무처 교무과, 「서울대학교 교원 인사 규정(Regulations governing faculty policies, procedures, guidelines of Seoul National University」, 「서울대학교 겸임교원 등 임용에 관한 규정(Regulations concerning appointment of adjunct faculty members, etc. of Seoul National University)」, 「서울대학교 기금교수 운영 규정(Regulations governing endowed faculty member system of Seoul National University)」, 「서울대학교 명예교수 규정(Regulations concerning honorary professors of Seoul National University)」, 「서울대학교 석좌교수에 관한 규정(Regulations concerning distinguished professors of Seoul National University)」, 「서울대학교 전임교수 신규 임용에 관한 시행세칙(Detailed implementation regulations for new full-time faculty recruitment at Seoul National University)」, 2018.
서울대학교 교무처 교무과, 「학위의 종류 및 학위명칭 표기원칙」, 2017.

사학연금. 〈http://www.tp.or.kr〉
서울대학교 기획처 홍보팀, "홈페이지 조직도". 〈http://en.snu.ac.kr/organization/chart〉
서울대학교 기획처 홍보팀, "Timeline". 〈http://en.snu.ac.kr/history/timeline〉
서울대학교 영문 홈페이지. 〈http://en.snu.ac.kr/history/timeline〉
한국법제연구원, 「고등교육법(Higher Education Act)」, 「공무원 보수규정(Public Officials Remuneration Regulations)」, 「공무원 성과평가 등에 관한 규정(Regulations on the Performance Evaluation, etc. of Public Officials)」, 「공무원수당 등에 관한 규정(Regulations on Allowances, etc. for Public Officials」, 「공무원임용령(Decree on the Appointment of Public Officials)」, 「공무원징계령(Decree on Disciplinary

Action Against Public Officials)」, 「공익법인의 설립·운영에 관한 법률(Act on the Establishment and Operation of Public Interest Corporations)」, 「교육관련 기관의 정보공개에 관한 특례법(Act on Special Cases Concerning the Disclosure of Information by Education-Related Institutions)」, 「국가공무원법(State Public Officials Act)」, 「국가를 당사자로 하는 계약에 관한 법률(Act on Contracts to Which the State Is a Party)」, 「대한민국헌법(Constitution of the Republic of Korea)」, 「지방대학 및 지역균형인재 육성에 관한 법률(Act on the Development of Local Universities and Colleges and Regional Resources)」. 〈http://elaw.klri.re.kr〉

행정안전부 주소정책과, 「Introduction — Road Name Address」. 〈http://www.juso.go.kr/CommonPageLink.do?link=/eng/about/GuideBook〉 (2018. 1. 29)

American Association of University Professors, "1940 Statement of Principles on Academic Freedom and Tenure". 〈https://www.aaup.org/report/1940-statement-principles-academic-freedom-and-tenure〉

American Council on Education, *An Overview of Higher Education in the United States*, 2011.

City of New York, "Title 1: Rules of the City of New York-§3301-01 Construction site signs". 〈https://www1.nyc.gov/site/buildings/codes/rules-of-the-city-of-new-york.page〉

Columbia University Human Resources, "View Your Pay Statement". 〈http://hr.columbia.edu/links-especially/new-hires/payroll-information/view-your-pay-statement〉 (2017. 9. 13)

Harvard University Commencement Office, "Degree Abbreviations". 〈https://www.harvard.edu/on-campus/commencement/degree-abbreviations〉 (2017. 9. 6)

Harvard University Office of Career Services, "GSAS: Resumes and Cover Letters". 〈https://ocs.fas.harvard.edu/files/ocs/files/phd_resume_cover_letters.pdf〉

Harvard University Office of Institutional Research, "Organizational Chart, Campus and Organization, Harvard University Fact Book". 〈https://oir.harvard.edu/fact-book〉 (2017. 9. 6)

KAIST, "Guidelines on Personnel Management of International Faculty".

QS, "World University Rankings 2018". 〈https://www.topuniversities.com/university-rankings/world-university-rankings/2018〉

Stanford University, "Faculty Handbook". 〈https://facultyhandbook.stanford.edu/handbooks/faculty-handbook〉

THE, "World University Rankings 2018," *Times Higher Education*. 〈https://www.timeshighereducation.com/world-university-rankings/2018/world-ranking〉

UC Berkeley Mail Services. 〈http://mailservices.berkeley.edu/incoming/guidelines/format〉

United Nations, "Former Secretary-General". 〈https://www.un.org/sg/en/formersg/ban.shtml〉 (2018. 4. 19)

United Nations, "Senior Advisor on Policy". 〈https://www.un.org/sg/en/content/profiles/kyung-wha-kang〉 (2017. 5. 20)

University of California, "Standing Orders", 〈http://regents.universityofcalifornia.edu/governance/standing-orders/〉

University of California, LA, "Writing the Curriculum Vitae," *UCLA Graduate Education*. 〈https://grad.ucla.edu/asis/agep/advcv.pdf〉 (2017. 10. 10)

Yale University Office of Institutional Research, "Yale University Administrative Organization Chart as of August 2016". 〈https://oir.yale.edu/sites/default/files/w102_org_chart_0.pdf〉 (2017. 9. 6)

찾아보기

ㅈ

ㅊ

ㅋ

ㅌ

ㅍ

ㅎ